丝路经济与文化文库

中国（西安）丝绸之路研究院调查研究项目（2016SDZ05）

“一带一路”倡议国内外反应与互联互通研究（2017）

姜玮 戴辉 著

中国经济出版社
CHINA ECONOMIC PUBLISHING HOUSE
·北 京·

图书在版编目（CIP）数据

"一带一路"倡议国内外反应与互联互通研究（2017）/
姜玮，戴辉著．—北京：中国经济出版社，2021.6
ISBN 978-7-5136-6490-5

Ⅰ.①一… Ⅱ.①姜… ②戴… Ⅲ.①"一带一路"
-国际合作-研究 Ⅳ.①F125

中国版本图书馆 CIP 数据核字（2021）第 116251 号

责任编辑 郭国玺
责任印制 巢新强
封面设计 任燕飞工作室

出版发行 中国经济出版社
印 刷 者 北京九州迅驰传媒文化有限公司
经 销 者 各地新华书店
开　　本 710mm×1000mm 1/16
印　　张 11.75
字　　数 178 千字
版　　次 2021 年 6 月第 1 版
印　　次 2021 年 6 月第 1 次
定　　价 78.00 元
广告经营许可证 京西工商广字第 8179 号

中国经济出版社 **网址** www.economyph.com **社址** 北京市东城区安定门外大街 58 号 **邮编** 100011
本版图书如存在印装质量问题，请与本社销售中心联系调换（联系电话：010-57512564）

 服务热线：010-57512564

目　录

研究说明

第一节 研究意义

随着大数据时代的到来，数据资源已然成为国家重要的软实力，“十三五”规划纲要提出实施国家大数据战略，大数据上升为国家战略。实现中外、国内各地产业和项目的对接，并为对接建立一套行之有效的平台和机制，是落实“一带一路”建设的根本问题之一。要建立这一平台和机制，“一带一路”沿线国家、地区以及重点城市首先就必须切实弄清自身的资源禀赋和经济社会的发展现状。只有优化投资环境，确立适合自身投资发展的产业、经济领域和项目，才能推动沿线各地实现经济政策协调，开展更大范围、更高水平、更深层次的区域合作，共同打造开放、包容、均衡、普惠的区域经济合作框架，共谋“一带一路”倡议下的发展机遇，紧密围绕“政策沟通、设施联通、贸易畅通、资金融通、民心相通”的总体要求，推进“一带一路”智库建设，为“一带一路”提供智力支撑，实现互利共赢，不断推动“一带一路”建设向更高的水平发展。

一、基于大数据技术的创新型研究

针对当前各地“一带一路”发展定位及相关政策措施，本书尝试探索建立一套利用大数据技术分析大量数据反向评价管理决策质量的科学体系。利用“一带一路”大数据平台，基于大数据获取和分析研究方法，结合统计数据、各政府部门数据进行整合分析，从而更全面地了解国内外对“一带一路”

的真实反应。并且，了解丝绸之路沿线国家之间互联互通的现状，为今后更广泛的研究打下基础。

本书依据重要性、创新性、科学性、实用性、可行性的原则，有目的、有计划地严格按照“调查筛选—课题论证—制订方案—实践研究—交流总结—专家审核”的程序进行。

二、研究结论的系统性及指导性

课题研究成果将以研究报告的形式呈现，全面展现国内外社会对于“一带一路”倡议的响应情况，明确社会各界对地方“一带一路”发展定位的公开认知。通过对“一带一路”建设中涉及的经济、文化、社会发展等方面的调查研究，反映当下建设过程中的现状，助力国际一级沿线各地政府把握产业现状，了解相关发展措施，并且系统性地对丝绸之路沿线国家互联互通的情况进行深入了解，为下一步政策方向选择提供数据参考。

第二节　研究内容

一、国内省区市对“一带一路”倡议的反应

“一带一路”建设将是中国经济的东西两翼。改革开放以来，中国经济取得了举世瞩目的成就，但受地理区位、历史沿革、资源禀赋等因素影响，中国的对外开放和经济发展总体呈现东快西慢、海强陆弱的格局，贸易和投资合作的相当一部分比重集中于欧美发达国家。而“一带一路”这一战略构想将构筑新一轮对外开放的“一体两翼”，在提升向东开放水平的同时加快向西开放步伐，助推内陆沿边地区由对外开放的边缘迈向前沿。本书针对“一带一路”所制定的战略方针，充分翔实地了解国内各个省份对“一带一路”建设的响应情况。

二、沿线重点国家对“一带一路”倡议的反应

“一带一路”建设有助于西部地区统筹开发利用国际国内两个市场、两种资源。本书在了解国内对于“一带一路”倡议的反应的同时，再全面了解国外每一个国家对“一带一路”倡议反应之后，着重研究“一带”沿线重点国家和地区，如俄罗斯、中亚、中东、欧洲等的政策制定情况以及学术界和舆论界的响应态度。同时，研究“一路”沿线的重点地区，如东南亚及南亚国家的政策制定以及各界的声音。

三、沿线国家地区“五通”各领域政策措施建设推进情况

本书采用大数据技术采集相关数据，通过线上调查获取“一带一路”相关数据，分类整合，结合各领域“一带一路”相关政策措施，从“政策沟通、设施联通、贸易畅通、资金融通、民心相通”等方面了解各领域政策措施等实际情况。

同时，通过收集整理各国有关“一带一路”相关文件资料，分类整合，结合各领域“一带一路”相关政策措施提出背景、过程，分析政策措施重点领域、方向，了解各领域政策措施实施情况，充分了解各国在各个领域的优势，深入分析地方宏观经济概况及发展趋势，为预判经济形势打好基础；描述优势产业结构现状，为经济转型升级、优化产业结构、转移落后产能做指引，分析各国重点支柱产业，明确各国发展资源禀赋，看清各国特点与优势、劣势；分析各国人口构成及城镇化水平等，研判各国经济社会发展潜力，为优势互补、互通有无打下坚实的基础。对各国相关的社会环境影响、采购等基础设施项目准备情况，如公路、港口、铁路、电力和信息通信技术等；经济、政治和法律情况，制度规范，如多边机制；互信平台和人文交流等，如教育、培训、旅游、文化、体育、新闻媒体、文化展会等各个方面的情况进行系统性的信息采集工作和研究，全面了解各国综合情况，为“一带一路”政策落地实施和全面评判打下基础。

第三节 研究范围

一、研究涉及的国内省区市

本书将中国国家发展改革委、外交部、商务部联合发布的《推动共建丝绸之路经济带和21世纪海上丝绸之路的愿景与行动》文件中给予明确定位的18个省区市，即内蒙古、辽宁、吉林、黑龙江、上海、浙江、福建、广东、广西、海南、重庆、云南、西藏、陕西、甘肃、青海、宁夏、新疆（本报告中将其统称为相关省区市，其余的13个省区市则统称为其他省区市）作为研究对象。

二、研究涉及的沿线国家

根据国务院各部委、“一带一路”官方网站等相关渠道资料，课题组确定了本书研究的“一带一路”沿线国家共70个。为方便研究分析，将全部沿线国家按地区或组织分为东盟、中东地区、中亚、独联体、中东欧、南亚和其他国家。其中，东盟为“东南亚国家联盟”，包括菲律宾、柬埔寨、老挝、马来西亚、缅甸、泰国、文莱、新加坡、印度尼西亚和越南10个国家；中东地区包括阿拉伯联合酋长国、阿曼、巴勒斯坦、巴林、卡塔尔、科威特、黎巴嫩、塞浦路斯、沙特阿拉伯、土耳其、叙利亚、也门、伊拉克、伊朗、以色列、约旦和埃及17个国家；中亚包括哈萨克斯坦、吉尔吉斯斯坦、塔吉克斯坦、土库曼斯坦、乌兹别克斯坦5个国家；独联体为“独立国家联合体”，本书涵盖独联体国家中的阿塞拜疆、白俄罗斯、俄罗斯、格鲁吉亚、摩尔多瓦、乌克兰和亚美尼亚7个国家；中东欧划分依据“中国—中东欧国家‘16+1’合作机制”，包括阿尔巴尼亚、爱沙尼亚、保加利亚、波黑、波兰、黑山、捷克、克罗地亚、拉脱维亚、立陶宛、罗马尼亚、马其顿、塞尔维亚、斯洛伐克、斯洛文尼亚和匈牙利 16 个国家；南亚包括阿富汗、巴基斯坦、不丹、马尔代夫、孟加拉国、尼泊尔、斯里兰卡和印度 8 个国家；其他未划分国家包括蒙古国、韩国、东帝汶、希腊、埃塞俄比亚、南非和新西兰 7 个国家。接壤国家是指与我国接壤的国家，本书涵盖与我国接壤的 14 个国家中除朝鲜外的 13 个，为俄罗斯、哈萨克斯坦、吉尔吉斯斯坦、塔吉克斯坦、蒙古国、越南、老挝、缅甸、印度、不丹、尼泊尔、巴基斯坦、阿富汗。

三、排除性说明

鉴于 2016 年下半年发生的“萨德事件”，本书结果暂不显示韩国。

第四节　研究方法

本书将在传统研究方法的基础上，采用新型的大数据技术和方法进行研究，全面采集互联网与“一带一路”建设相关联的各种信息和数据，如以新闻、评论、网民言论、专家观点等形式呈现的经济、社会、民生、环境等方面的内容。本书对这些数据进行清洗、抽取之后，进一步进行深入分析研判、聚合观点，最终提炼出“一带一路”沿线各国关注点。这既是社会各界对地方目前发展现状、未来的预期，也是社会各界了解地方“一带一路”建设重点关注方向的好机会。通过调查研究，可全面了解国内外对“一带一路”发展定位涉及的各个领域的现状。

本书采用的其他具体研究方法还有：

一、SWOT 分析法

广泛地挖掘、分析地方自身资源禀赋，全面、系统、准确地展现研究对象自身有利的、值得发扬的方面以及不利的、要改善的方面，发现存在的问题，找出解决的办法，并明确以后的发展方向。将各种因素相互匹配并加以分析，从中得出一系列相应的结论，且结论通常带有一定的决策性，为地方政府做出决策和规划提供理论支撑。

二、定性研究方法

根据地方经济社会发展及“一带一路”建设所涉及领域具有的属性以及在发展中的矛盾变化，以成熟的理论与经验、合理的逻辑对大量的数据进行分析，结合研究人员的丰富实践经验以及主观判断、分析能力，描述地方经济的社会发展现状及沿线各地“一带一路”建设的发展定位。

三、聚类分析法

聚类分析的目标就是在相似的基础上收集数据来分类。对数据进行描述，对不同数据源间的相似性进行衡量，由此获得数据的分布状况，对每一组数据的特征进行观察，将大量数据分析后的结果分组，将类似的对象组成一类，为定性分析提供充分、合理的数据支撑。

四、综合评价方法

从总体上展示地方经济社会各领域的发展规模大小、水平高低、速度快慢等指标，分析各种关系是否协调合理等。对每个研究对象的评价都不能孤立地进行，必须与其他有联系的事物进行对比，并且在质的分析研究基础上进行量的分析，以此来规避一般评价方法的局限性，运用多个指标对研究对象进行广泛的、多维度的客观性评价。

五、文献分析法

通过查阅书刊，学术会议研讨和社会、科学及教育事业单位或机构资料，网络采集等来获取与本课题有关的大量材料，从而全面、正确地了解掌握前人在此课题相关领域的既有研究以及方法综述，为课题研究提供有力的理论支撑。

第五节　数据说明

一、数据来源

本书研究数据来源于互联网已公开信息以及网民在互联网使用过程中所产生的真实、客观的既有碎片化信息，包括地方政务官方网站、搜索引擎、网媒新闻、电视、报刊、微博、微信、博客、论坛贴吧、社区等。外源数据来源于世界贸易组织（WTO）、国际货币基金组织（IMF）、世界银行（WB）、联合国统计署（UNSD）等国际组织以及国家统计局、地方统计局业务对外窗口以及各部委、厅局等政府部门，保证数据具有专业性和权威性。

二、数据处理及清洗

出于关键词设置、爬虫采集错误等原因，在信息采集的过程中，有可能采集不到信息或者信息值异常。为保证本书研究内容结果的整体稳定，需要对数据进行预处理。数据预处理技术包含在大数据采集、存储、管理技术之中，通过大数据采集技术采集到的信息往往是巨量且冗杂的，对数据贴上不同标签并配以特定代码，可方便数据存储和管理。

数据预处理技术包括筛查（Screening）、清理（Cleaning）、格式化（Formatting）、缺失值或异常值替代（Replace Missing Values）等。课题组根据课题需要，从数据库中筛查出关于“一带一路”的信息数据，对其中的垃圾信息、无效信息和不在研究期、研究区域内的数据进行清理。对经筛查和清理后保留的数据进行格式化调整，对数值型和字符型数据进行分类管理，图片或音像数据还需转化成数值或文本。对于数值型数据，若发现缺失值或异常常值，则采取统计方法进行替代。

三、数据可靠性

本书采用大数据技术，通过关键词对互联网中已经存在的“丝绸之路经济带”“21 世纪海上丝绸之路”或“一带一路”相关数据进行聚类分析，所有数据均是社会各界在自发自愿的情况下对研究内容的一种真实意愿表达。本书明确项目负责人并进行业务和技术培训。数据采集由专业技术人员进行详细说明，保证研究内容的准确性。数据采集逐级审核把关，对于采集的数据进行清洗和人工审核，保证数据质量。数据按标准进行统一编码，采用专业的统计分析软件进行处理。

四、数据周期

数据采集周期为 2013 年 9 月 1 日至 2017 年 3 月 31 日。

第一章
国内省区市对“一带一路”倡议的反应

第一节 “一带一路”媒体传播聚焦

一、“一带一路”传播趋势分析

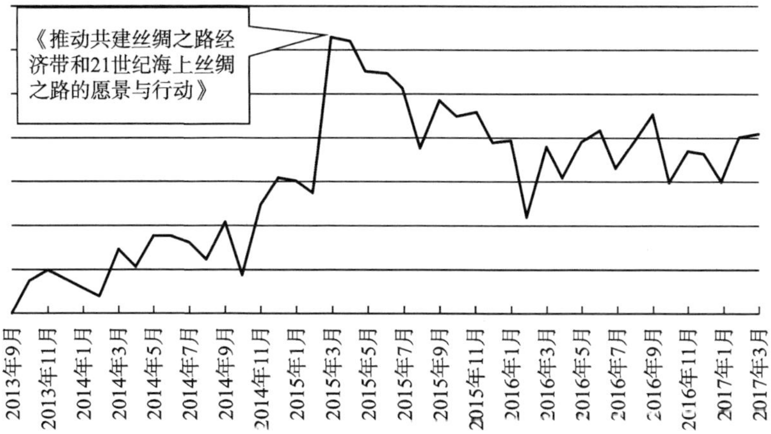

图 1–1 “一带一路”传播趋势分析（月度）

自 2013 年 9 月和 10 月，习近平总书记分别提出“丝绸之路经济带”和“21 世纪海上丝绸之路”战略构想以来，“一带一路”倡议受到社会各界广泛关注。2013 年底至 2015 年初，舆论传播趋势虽有波动，但总体上为持续上升的趋势。2015 年 3 月 28 日，中国政府制定并经国务院授权，国家发展改革委、外交部、商务部联合发布《推动共建丝绸之路经济带和21世纪海上丝绸之路的愿景与行动》，“一带一路”倡议舆论传播达到顶峰。之后，舆论热度略有下降，但总体传播趋势一直位于较高水平。这说明随着“一带一路”倡议影响的不断扩大，社会各界对倡议的关注度持续处于较高的水平（见图1-1）。

二、“一带一路”主要传播媒体

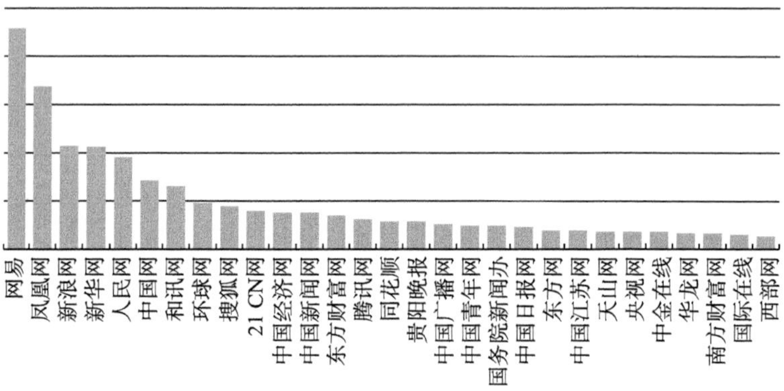

图1-2 “一带一路”主要传播媒体

新华网、人民网、中国网、环球网等中央级新闻媒体作为主要的信息来源，成为传播中的主要新闻内容发布者。网易、新浪、搜狐、腾讯等主流门户网站成为二次传播的主力军，在“一带一路”相关信息传播链条中占重要位置，对信息迅速扩散起到了重要作用（见图1-2）。

第二节　各省区市在“一带一路”建设中的影响力

一、相关省区市在“一带一路”建设中的影响力

首先作为我国的经济、金融中心的上海市在“一带一路”中影响力最大，占比 13.4%；其次是定位为“丝绸之路经济带”核心区的新疆维吾尔自治区，占比 12.0%；其后是定位为“21 世纪海上丝绸之路核心区”的福建省，占比 8.1%；经济最为发达的广东省也有较大的影响力，占比 7.8%；作为古丝绸之路起点的陕西省占比为 7.3%；其他影响力较大的相关省区市还有甘肃省、重庆市、广西壮族自治区、云南省等（见图 1-3）。

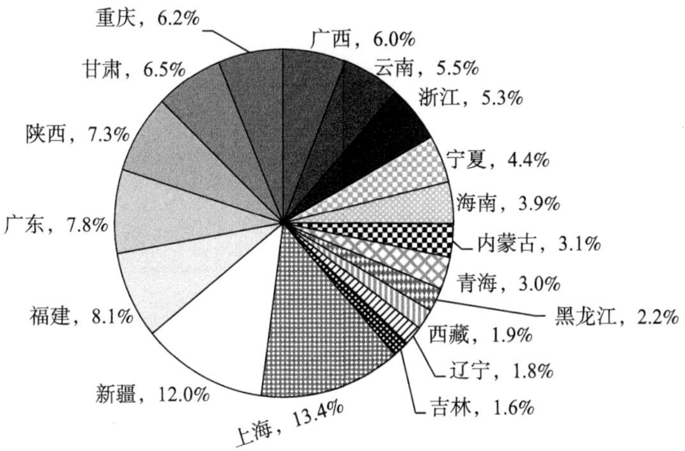

图 1-3　“一带一路”建设中相关省区市的影响力

二、其他省区市在“一带一路”建设中的影响力

其他 13 个省区市在“一带一路”建设中影响力最大的为我国政治、科技、文化中心北京市，占比为 44.3%；其次是江苏省，占比为 8.6%；天津

市、四川省、山东省占比接近，分别为7.6%、7.2%和7.1%（见图1-4）。

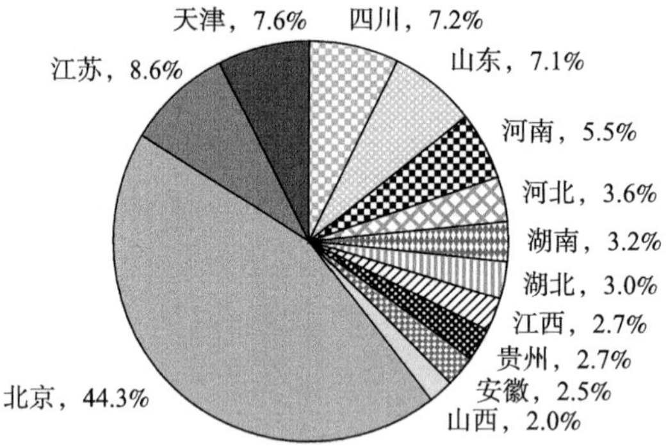

图1-4 “一带一路”建设中其他省区市的影响力

第三节 “一带一路”国内省区市关注领域聚焦

一、相关省区市关注领域聚焦

“一带一路”沿线18个省区市参与的交流、合作或发展领域中，对外经贸合作占比最高，为8.9%。其次是科技，占比8.5%；文化体育，占比7.8%。其他关注较多的领域有金融，占比6.9%；教育，占比6.6%；基础设施，占比6.4%；物流，占比6.4%；能源，占比6.4%；铁路，占比5.5%；国内贸易，占比5.5%。旅游、农林牧渔业、重大项目、环境保护、公路、电力、民航、医药卫生、信息产业、民族宗教等也是参与较多的领域（见图1-5）。

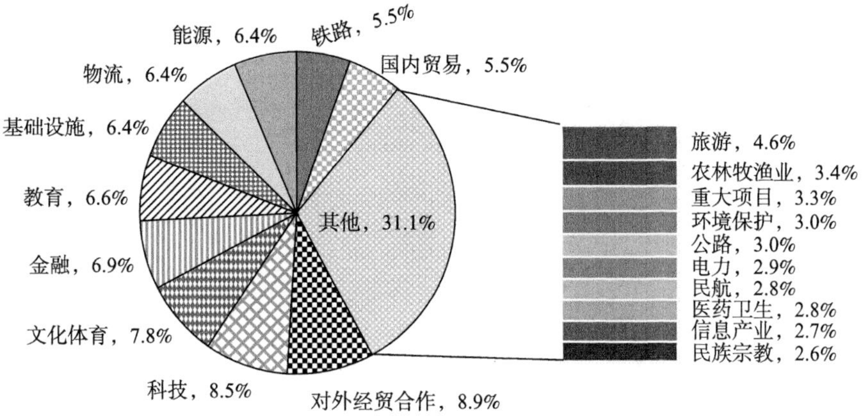

图 1-5 “一带一路”相关省区市关注领域

二、其他省区市关注领域聚焦

在 13 个其他省区市参与的“一带一路”交流、合作或发展领域中，科技占比最高，为 8.5%。其次是对外经贸合作，占比 8.3%；文化体育，占比 7.6%。其他关注较多的领域有基础设施，占比 7.3%；教育，占比 6.9%；金融，占比 6.8%；能源，占比 6.8%；物流，占比 6.0%；铁路，占比 5.7%；国内贸易，占比 5.4%。重大项目、旅游、环境保护、电力、农林牧渔业、信息产业、公路、民航、医药卫生、民族宗教等也是参与较多的领域（见图 1-6）。

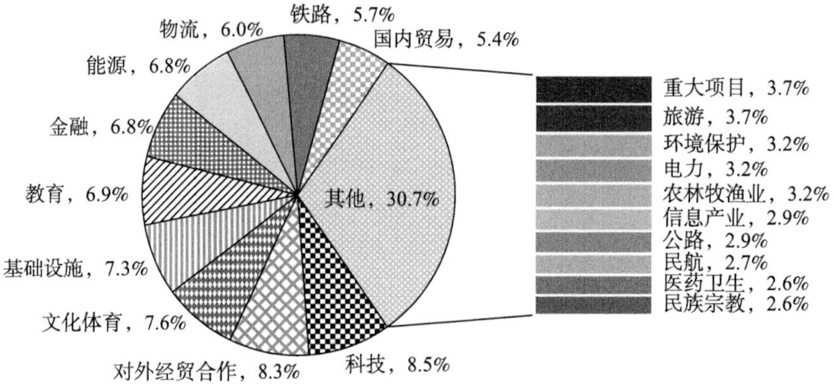

图 1-6　“一带一路”其他省区市关注领域

第四节　“一带一路”国内各省区市分析

为消除各省区市的影响力差异以及不同领域的关注热度不同带来的信息绝对数量的影响，本节采用相对数量分析。在相对数量分析中，某一省区市的某一领域占比，是指该省区市在该领域的相关信息数量占同类全部省区市该领域相关信息数量的比例，说明的是该省区市对该领域的关注相对于其他领域的情况。占比较高的领域是该省区市参与“一带一路”倡议规划面临的重大问题与挑战，或是其自然资源禀赋的展现，或为其发展较为先进的优势领域，或为其极具发展潜力的领域，或是其与其他省区市、国家或地区合作的重点领域。

一、各相关省区市分析

（一）内蒙古自治区

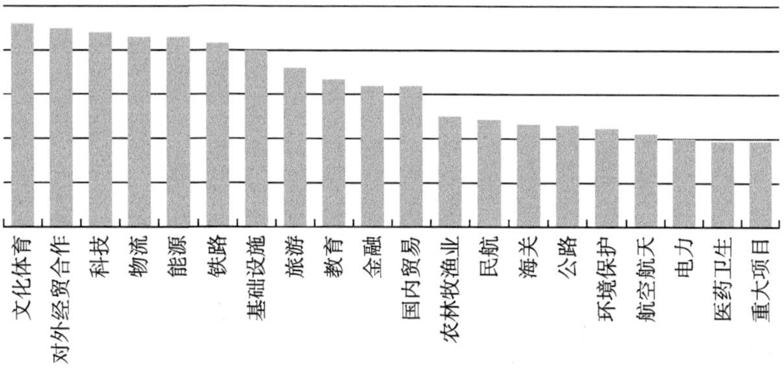

图 1-7　“一带一路”国内各相关省区市建设参与——内蒙古自治区

数据分析显示，内蒙古自治区在“一带一路”建设中参与较多的交流、合作或发展领域为文化体育、对外经贸合作和科技等，其他参与较多的还有物流、能源、铁路、基础设施、旅游等领域（见图 1-7）。

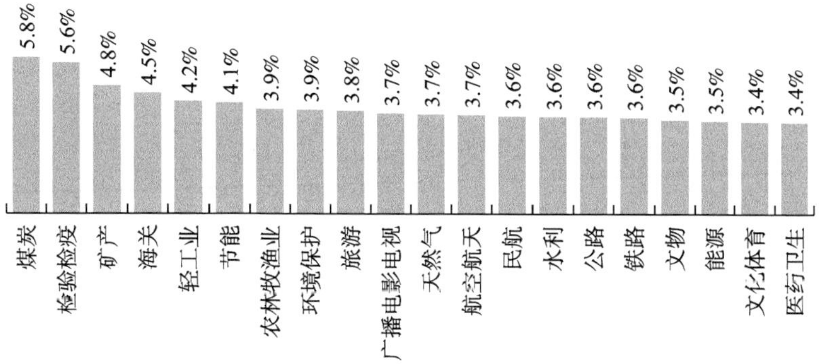

图 1-8　“一带一路”国内各相关省区市关注聚焦——内蒙古自治区

从相对数量分析来看，内蒙古自治区煤炭领域的信息数量占比高于其他领域的信息数量占比，说明相对于其他领域，内蒙古自治区对煤炭领域的关注更多，之后为检验检疫和矿产领域，海关、轻工业、节能、农林牧渔业等也是内蒙古自治区关注相对较多的领域（见图 1-8）。

（二）辽宁省

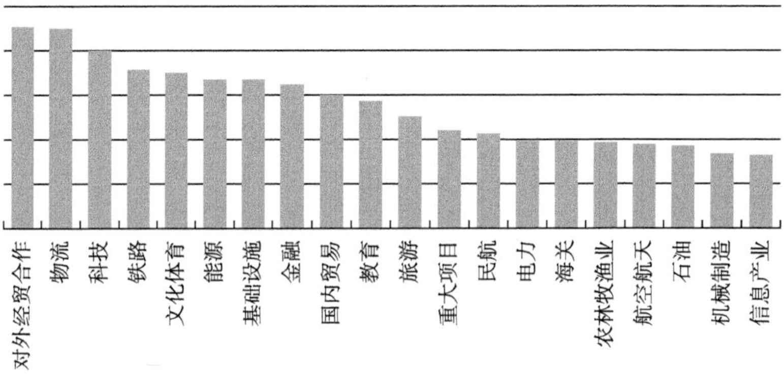

图 1-9　“一带一路”国内各相关省区市建设参与——辽宁省

数据分析显示，辽宁省在“一带一路”建设中参与较多的交流、合作或发展领域为对外经贸合作、物流、科技等，其他参与较多的领域还有铁路、文化体育、能源、基础设施、金融等（见图 1-9）。

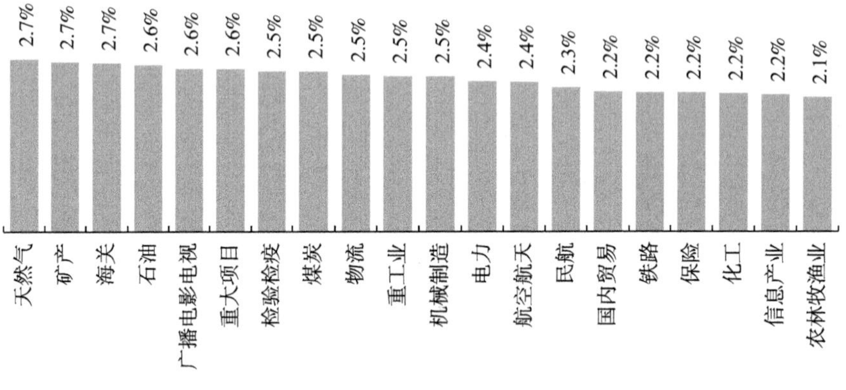

图 1-10　“一带一路”国内各相关省区市关注聚焦——辽宁省

从相对数量分析来看，辽宁省天然气、矿产、海关等领域的信息数量占比高于其他领域的信息数量占比，说明相对于其他领域，辽宁对天然气、矿产、海关等领域的关注更多，之后分别为石油、广播电影电视、重大项目等领域（见图 1-10）。

（三）吉林省

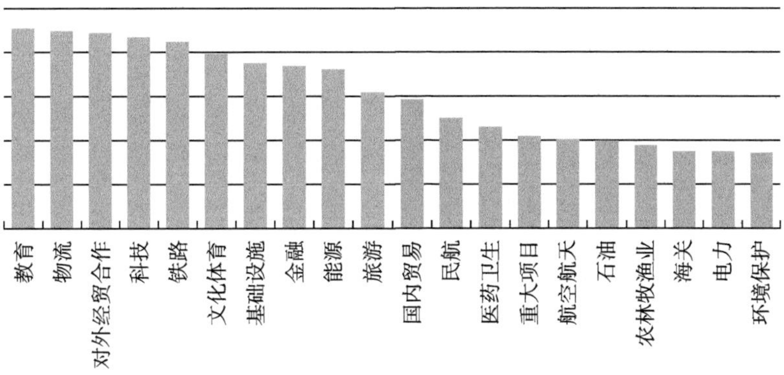

图 1-11　“一带一路”国内各相关省区市建设参与——吉林省

数据分析显示，吉林省在“一带一路”建设中参与较多的交流、合作或发展领域为教育、物流、对外经贸合作、科技等，其他参与较多的领域还有铁路、文化教育、基础设施、金融等（见图 1-11）。

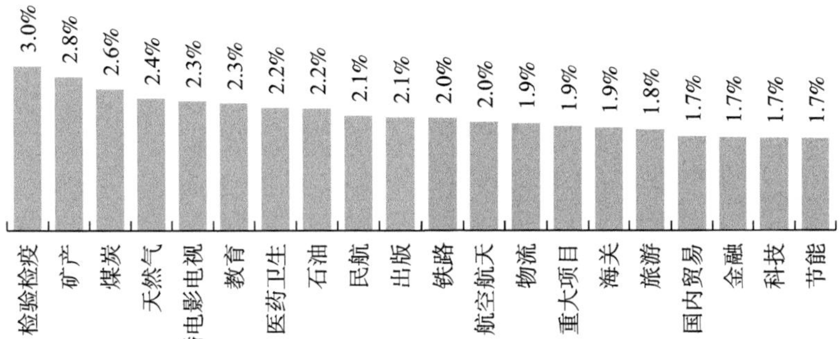

图 1-12　“一带一路”国内各相关省区市关注聚焦——吉林省

从相对数量分析来看，吉林省检验检疫领域的信息数量占比高于其他领域的信息数量占比，这说明相对于其他领域，吉林省对检验检疫领域的关注更多，之后为矿产和煤炭领域，天然气、广播电影电视、教育等也是吉林省关注相对较多的领域（见图 1-12）。

（四）黑龙江省

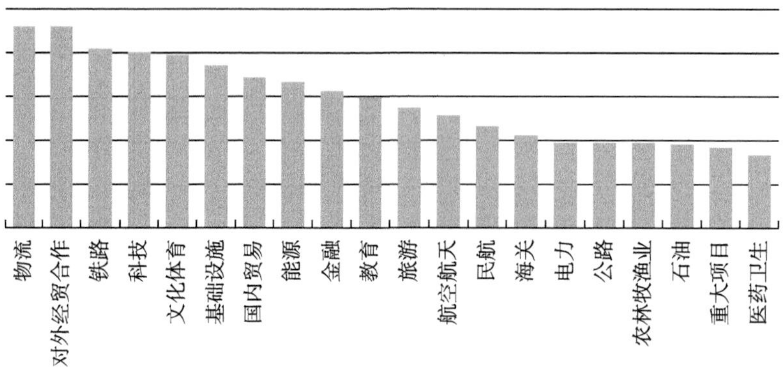

图 1-13 “一带一路”国内各相关省区市建设参与——黑龙江省

数据分析显示，黑龙江省在“一带一路”建设中参与较多的交流、合作或发展领域为物流、对外经贸合作、铁路、科技等，其他参与较多的领域还有文化体育、基础设施、国内贸易等（见图 1-13）。

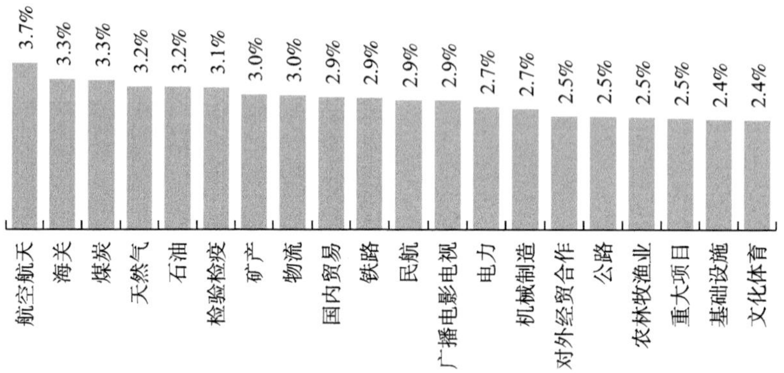

图 1-14 “一带一路”国内各相关省区市关注聚焦——黑龙江省

从相对数量分析来看，黑龙江省航空航天领域的信息数量占比高于其他领域的信息数量占比，这说明相对于其他领域，黑龙江省对航空航天领域的关注更多，海关、煤炭、天然气、石油、检验检疫等也是黑龙江省关注相对较多的领域（见图 1-14）。

（五）上海市

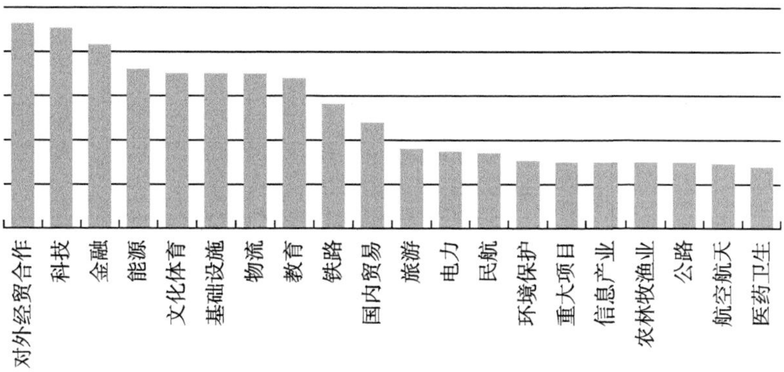

图 1-15　“一带一路”国内各相关省区市建设参与——上海市

数据分析显示，上海市在“一带一路”建设中参与较多的交流、合作或发展领域为对外经贸合作、科技、金融等，其他参与较多的领域还有能源、文化体育、基础设施、物流、教育等（见图 1-15）。

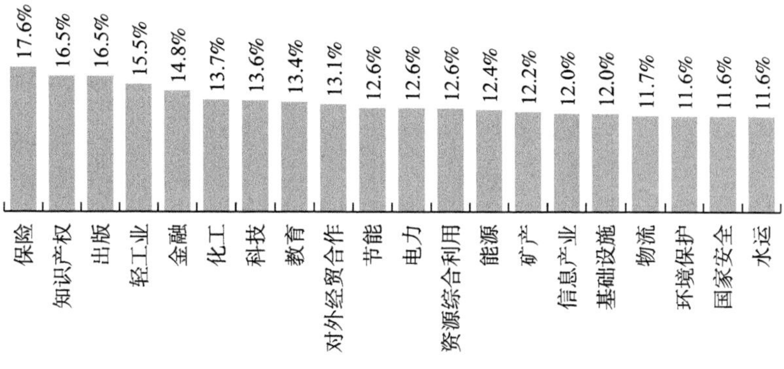

图 1-16　“一带一路”国内各相关省区市关注聚焦——上海市

从相对数量分析来看，上海市保险领域的信息数量占比高于其他领域的信息数量占比，这说明相对于其他领域，上海市更为关注保险领域，知识产权、出版、轻工业、金融等也是上海市关注相对较多的领域（见图 1-16）。

（六）浙江省

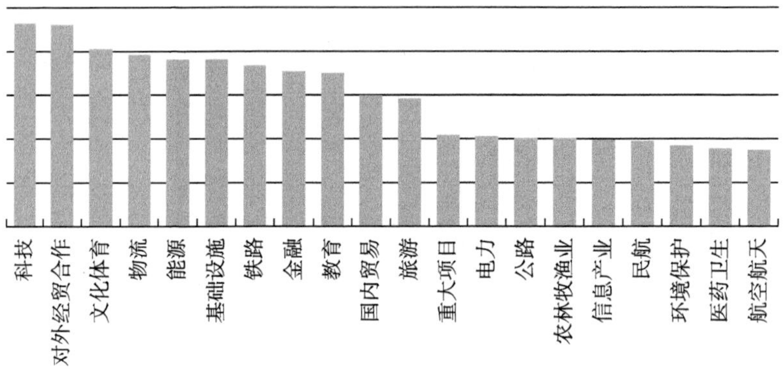

图 1-17 "一带一路"国内各相关省区市建设参与——浙江省

数据分析显示，浙江省在"一带一路"建设中参与较多的交流、合作或发展领域为科技、对外经贸合作和文化体育等，其他参与较多的领域还有物流、能源、基础设施、铁路、金融等（见图 1-17）。

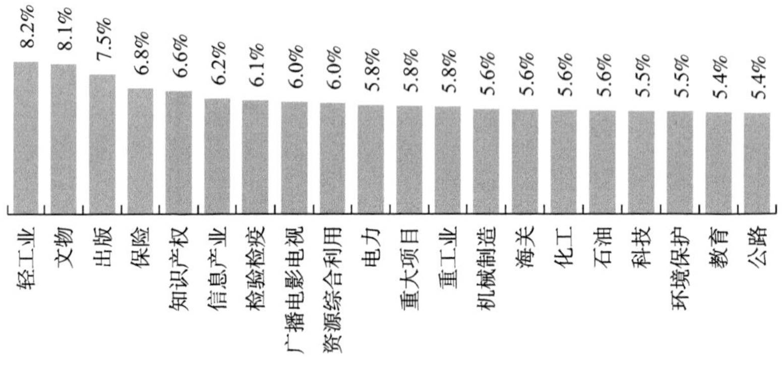

图 1-18 "一带一路"国内各相关省区市关注聚焦——浙江省

从相对数量分析来看，浙江省轻工业领域的信息数量占比高于其他领域的信息数量占比，这说明相对于其他领域，浙江省对轻工业领域的关注更多，文物、出版、保险等也是浙江省关注相对较多的领域（见图 1-18）。

（七）福建省

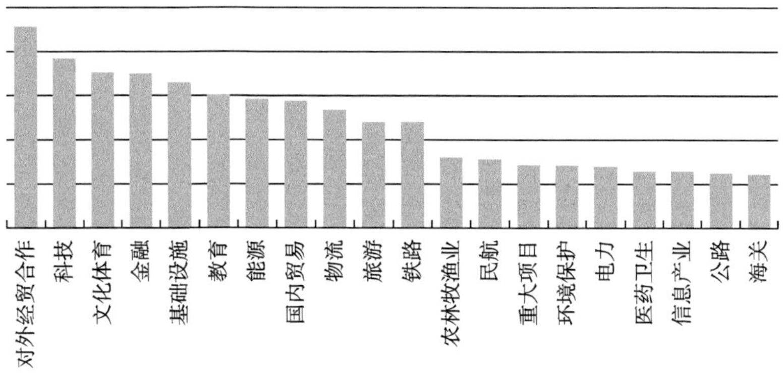

图 1-19　“一带一路”国内各相关省区市建设参与——福建省

数据分析显示，福建省在“一带一路”建设中参与较多的交流、合作或发展领域为对外经贸合作、科技和文化体育等，其他参与较多的领域还有金融、基础设施、教育、能源、国内贸易等（见图 1-19）。

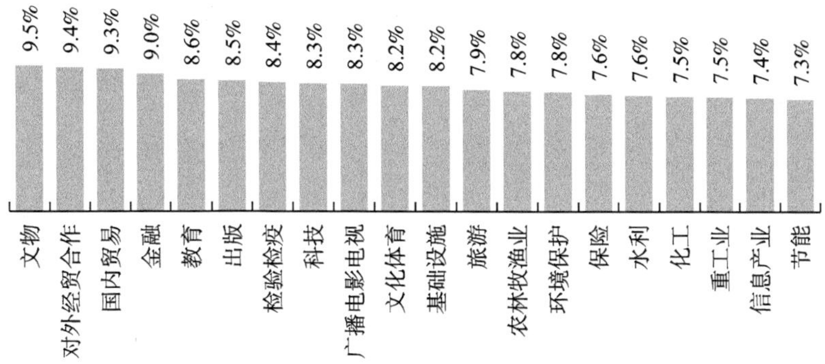

图 1-20　“一带一路”国内各相关省区市关注聚焦——福建省

从相对数量分析来看，福建省文物领域的信息数量占比高于其他领域的信息数量占比，这说明相对于其他领域，福建省对文物领域的关注更多，对外经贸合作、国内贸易、金融、教育、出版等也是福建省关注相对较多的领域（图 1-20）。

（八）广东省

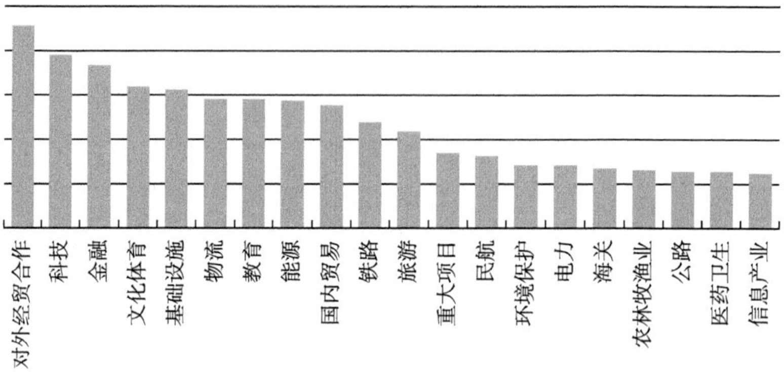

图 1-21　“一带一路”国内各相关省区市建设参与——广东省

数据分析显示，广东省在“一带一路”建设中参与较多的交流、合作或发展领域为对外经贸合作、科技、金融等，其他参与较多的领域还有文化体育、基础设施、物流、教育、能源等（见图 1-21）。

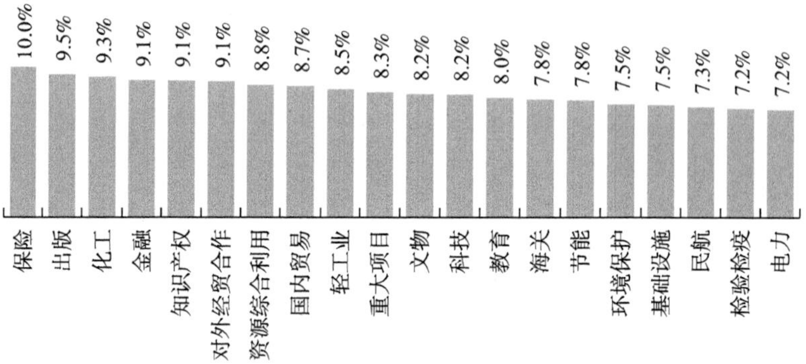

图 1-22　“一带一路”国内各相关省区市关注聚焦——广东省

从相对数量分析来看，广东省保险领域的信息数量占比高于其他领域的信息数量占比，说明相对于其他领域，广东省对保险领域的关注更多，出版、化工、金融、知识产权等也是广东省关注相对较多的领域（见图 1-22）。

（九）广西壮族自治区

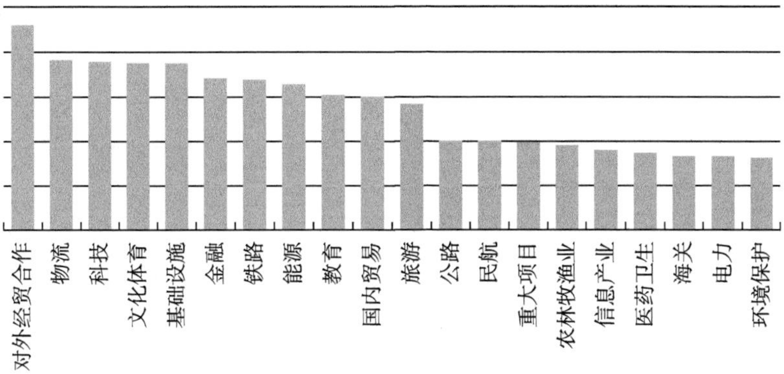

图 1-23　“一带一路”国内各相关省区市建设参与——广西壮族自治区

数据分析显示，广西壮族自治区在“一带一路”建设中参与较多的交流、合作或发展领域为对外经贸合作、物流、科技等，其他参与较多的领域还有文化体育、基础设施、金融、铁路、能源等（见图 1-23）。

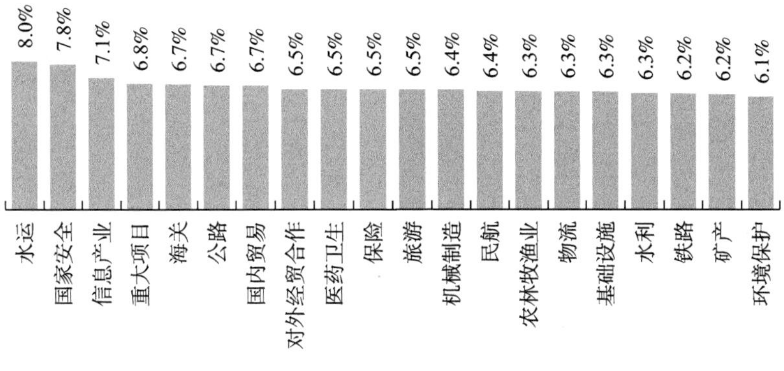

图 1-24　“一带一路”国内各相关省区市关注聚焦——广西壮族自治区

从相对数量分析看，广西壮族自治区水运领域的信息数量占比高于其他领域的信息数量占比，这说明相对于其他领域，广西壮族自治区对水运领域的关注更多，国家安全、信息产业、重大项目、海关、公路等也是广西壮族自治区关注相对较多的领域（见图 1-24）。

（十）海南省

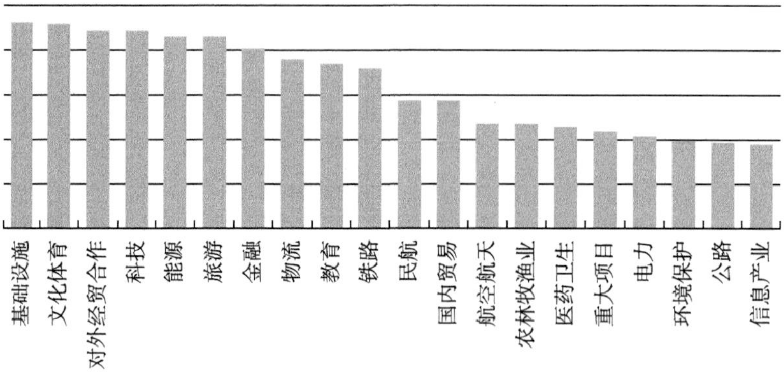

图 1-25　“一带一路”国内各相关省区市建设参与——海南省

数据分析显示，海南省在“一带一路”建设中参与较多的交流、合作或发展领域为基础设施、文化体育和对外经贸合作等，其他参与较多的领域还有科技、能源、旅游、金融、物流、教育等（见图 1-25）。

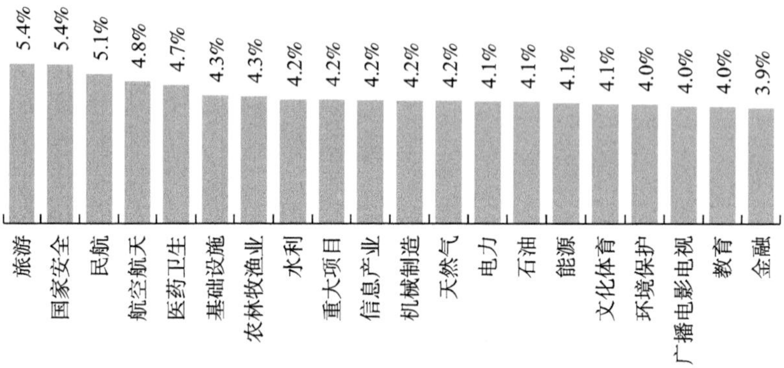

图 1-26　“一带一路”国内各相关省区市关注聚焦——海南省

从相对数量分析来看，海南省旅游领域的信息数量占比高于其他领域的信息数量占比，说明相对于其他领域，海南省更为关注旅游领域，国家安全、民航、航空航天、医药卫生等也是海南省关注相对较多的领域（见图 1-26）。

（十一）重庆市

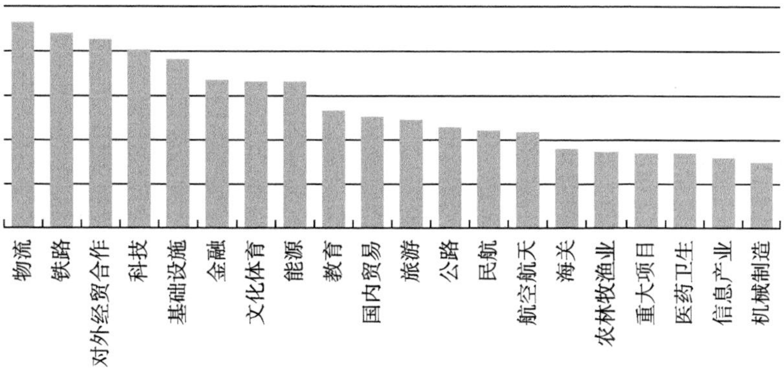

图 1-27 “一带一路”国内各相关省区市建设参与——重庆市

数据分析显示，重庆市在“一带一路”建设中参与较多的交流、合作或发展领域为物流、铁路、对外经贸合作等，其他参与较多的领域还有科技、基础设施、金融、文化体育、能源等（见图 1-27）。

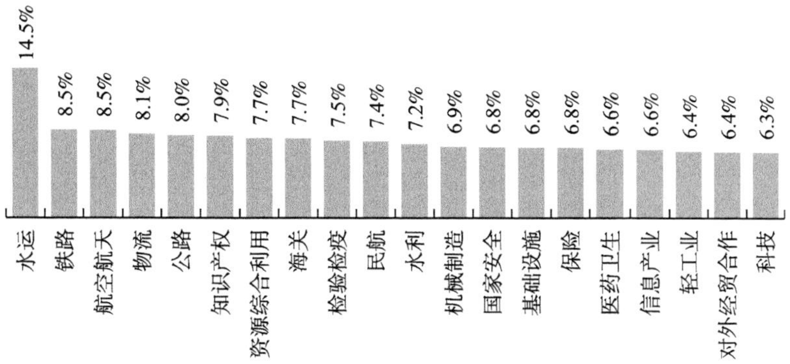

图 1-28 “一带一路”国内各相关省区市关注聚焦——重庆市

从相对数量分析来看，重庆市水运领域的信息数量占比高于其他领域的信息数量占比，这说明相对于其他领域，重庆市更为关注水运领域，铁路、航空航天、物流、公路、知识产权等也是重庆市关注相对较多的领域（见图 1-28）。

（十二）云南省

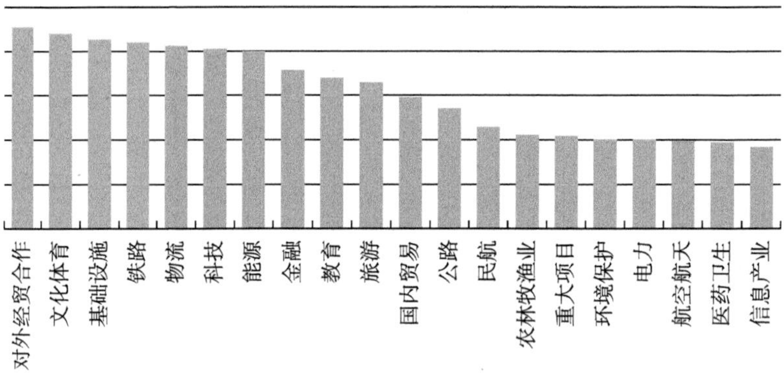

图 1-29 “一带一路”国内各相关省区市建设参与——云南省

数据分析显示，云南省在“一带一路”建设中参与较多的交流、合作或发展领域为对外经贸合作、文化体育、基础设施等，其他参与较多的领域还有铁路、物流、科技、能源、金融等（见图 1-29）。

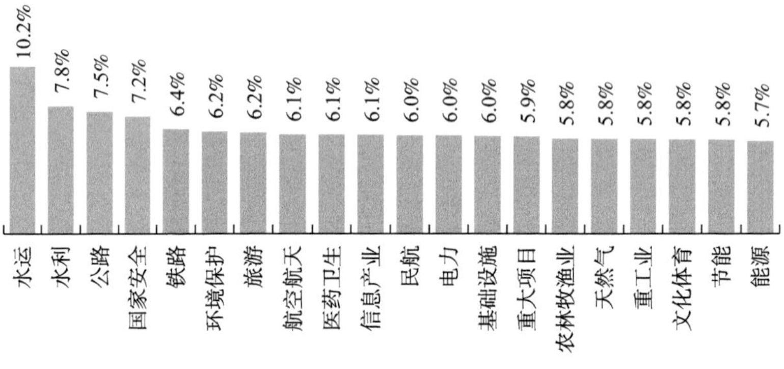

图 1-30 “一带一路”国内各相关省区市关注聚焦——云南省

从相对数量分析来看，云南省水运领域的信息数量占比高于其他领域的信息数量占比，这说明相对于其他领域，云南省对水运领域更为关注，水利、公路、国家安全、铁路、环境保护、旅游等也是云南省关注相对较多的领域（见图 1-30）。

（十三）西藏自治区

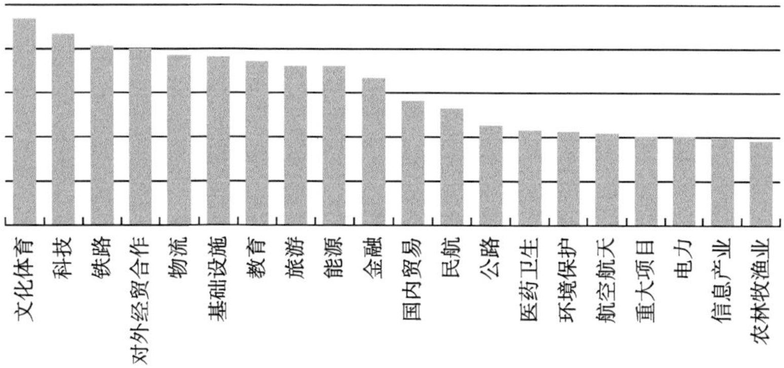

图 1-31　“一带一路”国内各相关省区市建设参与——西藏自治区

数据分析显示，西藏自治区在“一带一路”建设中参与较多的交流、合作或发展领域为文化体育、科技、铁路等，其他参与较多的领域还有对外经贸合作、物流、基础设施、教育、旅游等（见图 1-31）。

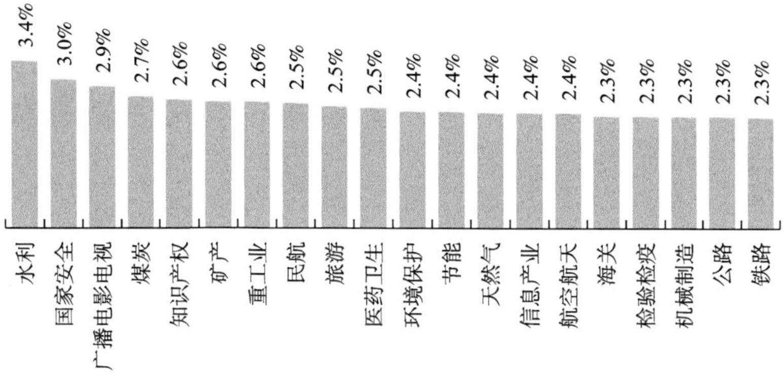

图 1-32　“一带一路”国内各相关省区市关注聚焦——西藏自治区

从相对数量分析来看，西藏自治区水利领域信息数量占比高于其他领域的信息数量占比，这说明相对于其他领域，西藏自治区对水利领域的关注更多，国家安全、广播电影电视、煤炭、知识产权等也是西藏自治区关注相对较多的领域（见图 1-32）。

（十四）陕西省

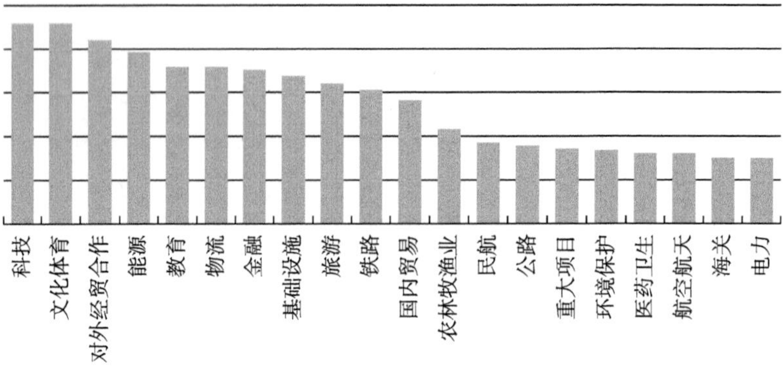

图 1-33　“一带一路”国内各相关省区市建设参与——陕西省

数据分析显示，陕西省在“一带一路”建设中参与较多的交流、合作或发展领域为科技、文化体育、对外经贸合作等，其他参与较多的领域还有能源、教育、物流、金融、基础设施、旅游等（见图 1-33）。

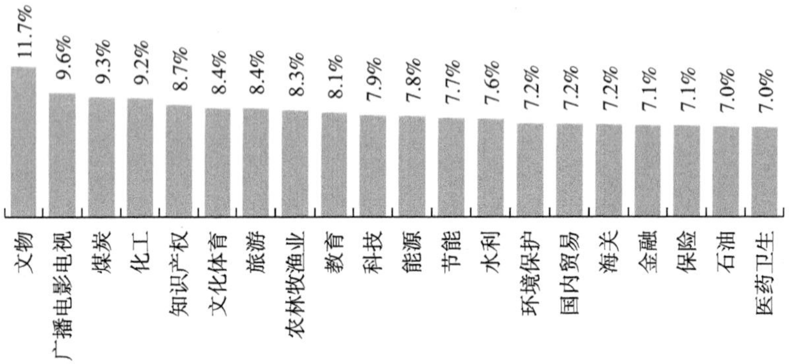

图 1-34　“一带一路”国内各相关省区市关注聚焦——陕西省

从相对数量分析来看，陕西省文物领域的信息数量占比高于其他领域的信息数量占比，这说明相对于其他领域，陕西省对文物领域的关注更多，广播电影电视、煤炭、化工、知识产权、文化体育等也是陕西省关注相对较多的领域（见图 1-34）。

（十五）甘肃省

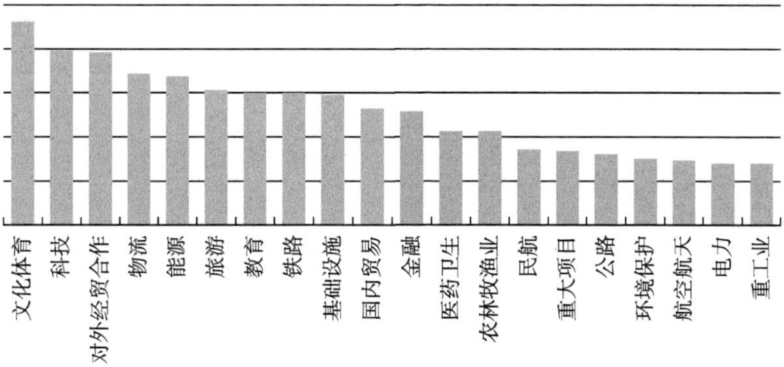

图 1-35　“一带一路”国内各相关省区市建设参与——甘肃省

数据分析显示，甘肃省在“一带一路”建设中参与较多的交流、合作或发展领域为文化体育、科技、对外经贸合作等，其他参与较多的领域还有物流、能源、旅游、教育、铁路等（见图 1-35）。

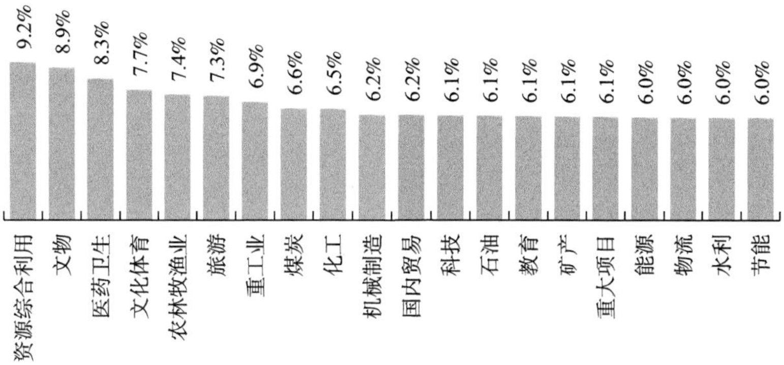

图 1-36　“一带一路”国内各相关省区市关注聚焦——甘肃省

从相对数量分析来看，甘肃省资源综合利用领域的信息数量占比高于其他领域的信息数量占比，这说明相对于其他领域，甘肃省对资源综合利用领域的关注更多，文物、医药卫生、文化体育、农林牧渔业等也是甘肃省关注相对较多的领域（见图 1-36）。

（十六）青海省

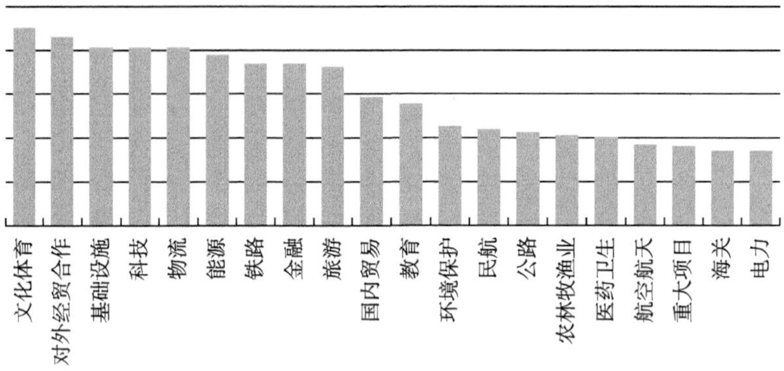

图 1-37　“一带一路”国内各相关省区市建设参与——青海省

数据分析显示，青海省在“一带一路”建设中参与较多的交流、合作或发展领域为文化体育、对外经贸合作和基础设施等，其他参与较多的领域还有科技、物流、能源、铁路、金融等（见图 1-37）。

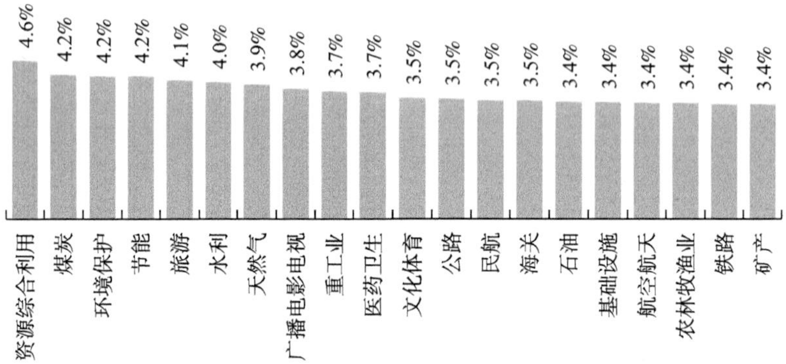

图 1-38　“一带一路”国内各相关省区市关注聚焦——青海省

从相对数量分析来看，青海省资源综合利用领域的信息数量占比高于其他领域的信息数量占比，这说明相对于其他领域，青海省对资源综合利用领域的关注更多，煤炭、环境保护、节能、旅游等也是青海省关注相对较多的领域（见图 1-38）。

（十七）宁夏回族自治区

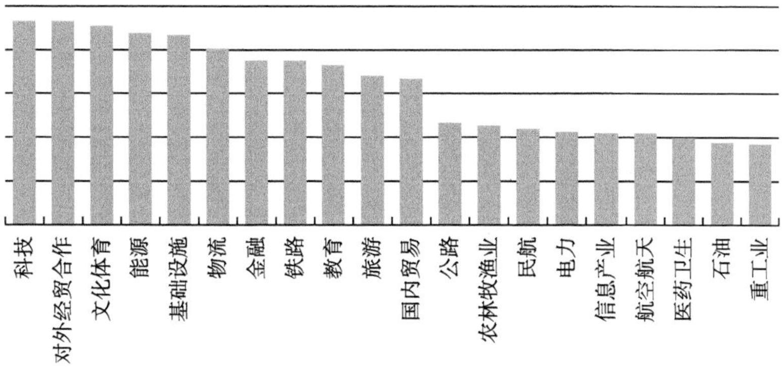

图 1-39　“一带一路”国内各相关省区市建设参与——宁夏回族自治区

数据分析显示，宁夏回族自治区在“一带一路”建设中参与较多的交流、合作或发展领域为科技、对外经贸合作和文化体育等，其他参与较多的领域还有能源、基础设施、物流、金融、铁路等（见图 1-39）。

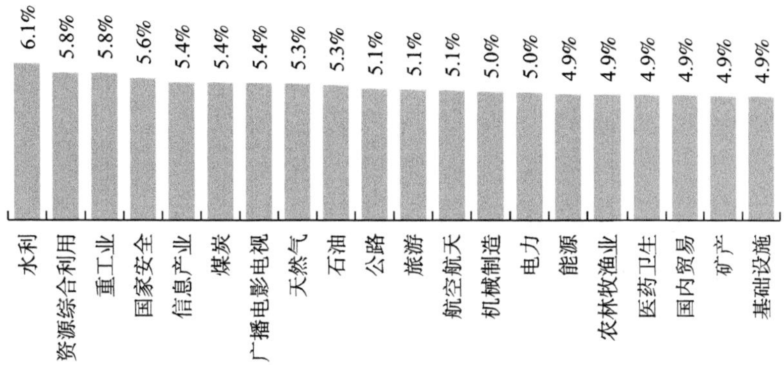

图 1-40　“一带一路”国内各相关省区市关注聚焦——宁夏回族自治区

从相对数量分析来看，宁夏回族自治区水利领域的信息数量占比高于其他领域的信息数量占比，这说明相对于其他领域，宁夏回族自治区对水利领域的关注更多，资源综合利用、重工业、国家安全、信息产业等也是宁夏回族自治区关注相对较多的领域（见图 1-40）。

（十八）新疆维吾尔自治区

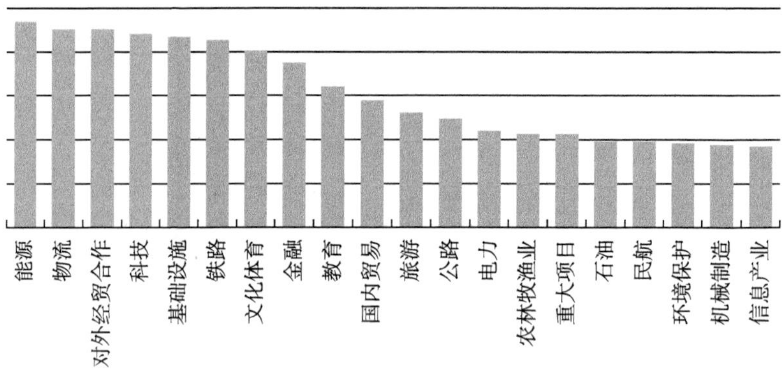

图 1-41 “一带一路”国内各相关省区市建设参与——新疆维吾尔自治区

数据分析显示，新疆维吾尔自治区在“一带一路”建设中参与较多的交流、合作或发展领域为能源、物流、对外经贸合作等，其他参与较多的领域还有科技、基础设施、铁路、文化体育等（见图 1-41）。

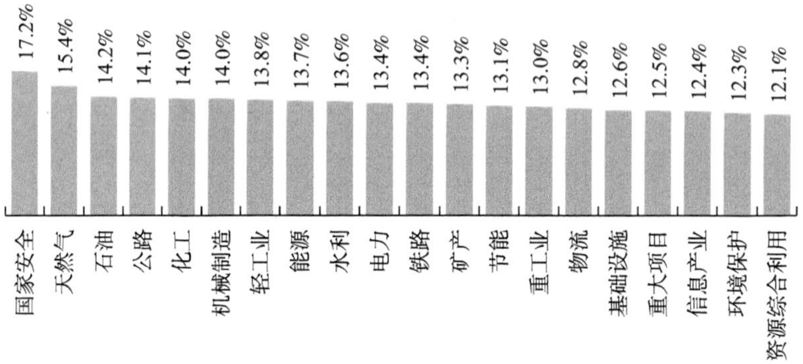

图 1-42 “一带一路”国内各相关省区市关注聚焦——新疆维吾尔自治区

从相对数量分析来看，新疆维吾尔自治区国家安全领域的信息数量占比高于其他领域的信息数量占比，这说明相对于其他领域，新疆维吾尔自治区对国家安全领域的关注更多，天然气、石油、公路、化工、机械制造等也是新疆维吾尔自治区关注相对较多的领域（见图 1-42）。

二、其他各省区市分析

（一）北京市

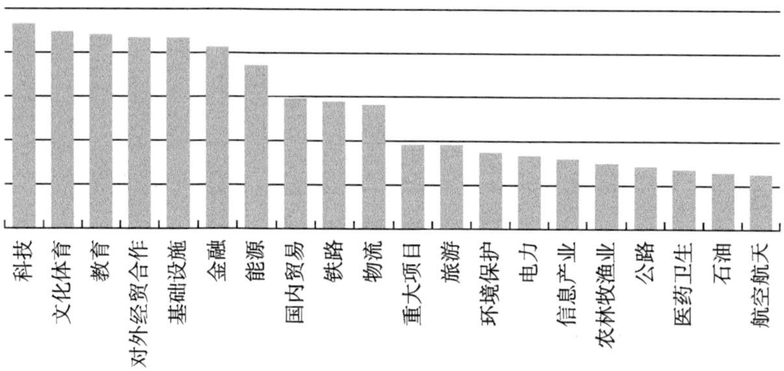

图 1-43 “一带一路”国内其他各省区市建设参与——北京市

数据分析显示，北京市在“一带一路”建设中参与较多的交流、合作或发展领域为科技、文化体育、教育等，其他参与较多的领域还有对外经贸合作、基础设施、金融、能源等（见图 1-43）。

从相对数量分析来看，北京市出版领域的信息数量占比高于其他领域的信息数量占比，这说明相对于其他领域，北京市对出版领域的关注更多（见图 1-44）。

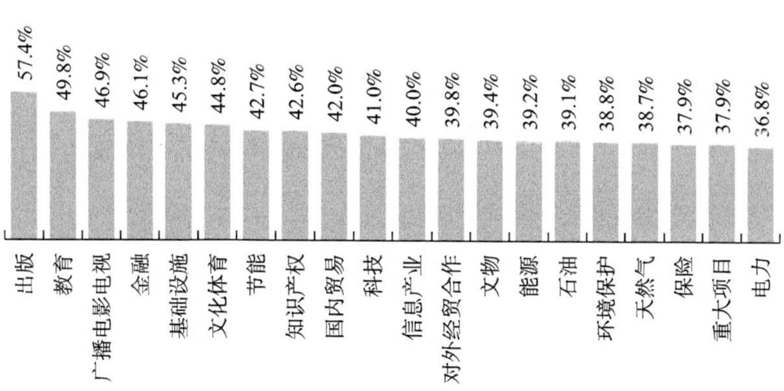

图 1-44 “一带一路”国内其他各省区市关注聚焦——北京市

（二）天津市

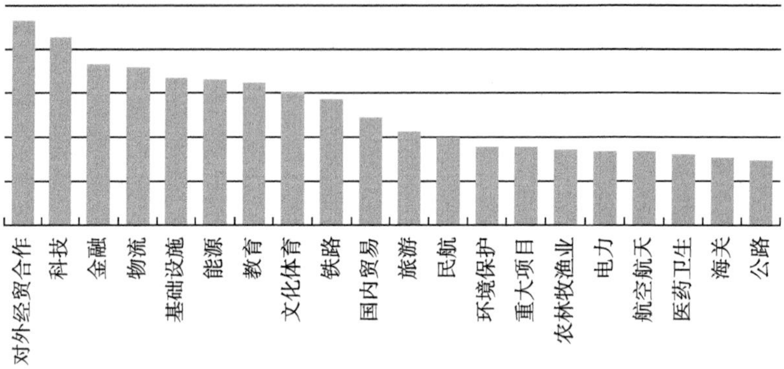

图 1-45 "一带一路"国内其他各省区市建设参与——天津市

数据分析显示，天津市在"一带一路"建设中参与较多的交流、合作或发展领域为对外经贸合作、科技、金融等，其他参与较多的领域还有物流、基础设施、能源、教育、文化体育等（见图 1-45）。

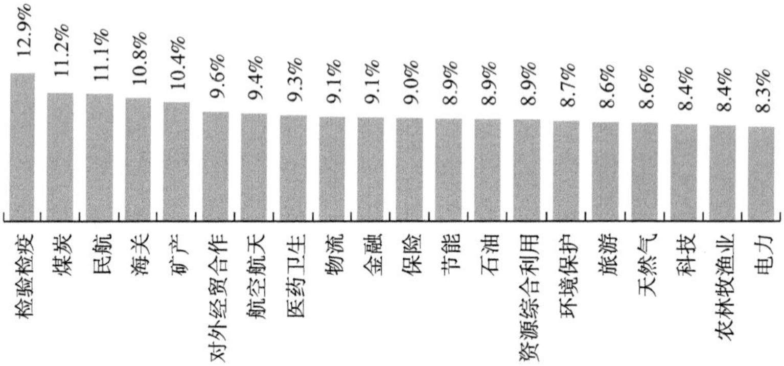

图 1-46 "一带一路"国内其他各省区市关注聚焦——天津市

从相对数量分析来看，天津市检验检疫领域的信息数量占比高于其他领域的信息数量占比，这说明相对于其他领域，天津市对检验检疫领域的关注更多，煤炭、民航、海关、矿产、对外经贸合作等也是天津市关注相对较多的领域（见图 1-46）。

（三）河北省

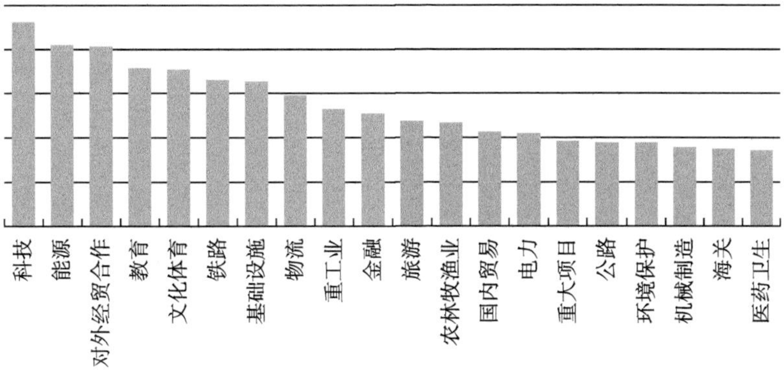

图 1-47　“一带一路”国内其他各省区市建设参与——河北省

数据分析显示，河北省在“一带一路”建设中参与较多的交流、合作或发展领域为科技、能源和对外经贸合作等，其他参与较多的领域还有教育、文化体育、铁路、基础设施、物流等（见图 1-47）。

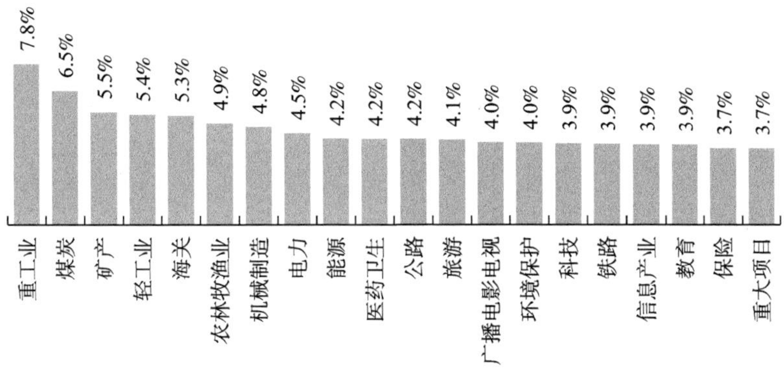

图 1-48　“一带一路”国内其他各省区市关注聚焦——河北省

从相对数量分析来看，河北省重工业领域的信息数量占比高于其他领域的信息数量占比，这说明相对于其他领域，河北省对重工业领域的关注更多，煤炭、矿产、轻工业、海关等也是河北省关注相对较多的领域（见图 1-48）。

（四）山西省

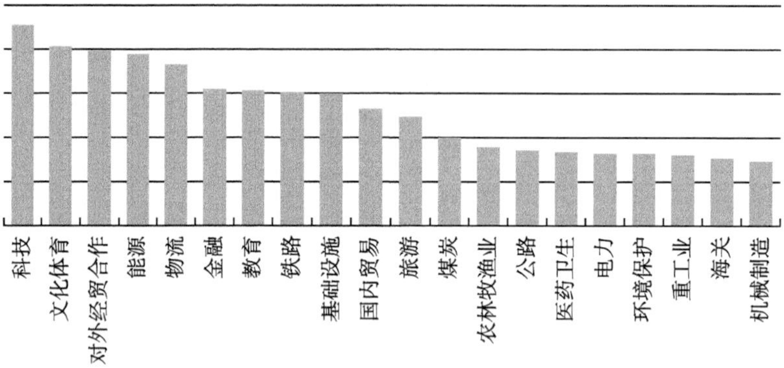

图 1-49　“一带一路”国内其他各省区市建设参与——山西省

数据分析显示，山西省在“一带一路”建设中参与较多的交流、合作或发展领域为科技、文化体育和对外经贸合作等，其他参与较多的领域还有能源、物流、金融、教育、铁路、基础设施等（见图 1-49）。

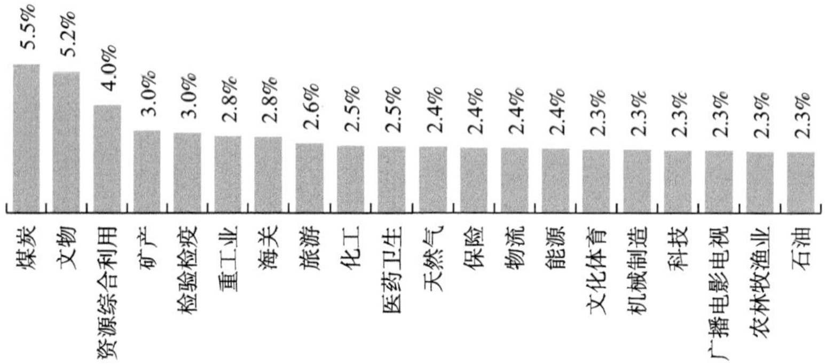

图 1-50　“一带一路”国内其他各省区市关注聚焦——山西省

从相对数量分析来看，山西省煤炭领域的信息数量占比高于其他领域的信息数量占比，这说明相对于其他领域，山西省对煤炭领域的关注更多，文物、资源综合利用、矿产、检验检疫等也是山西省关注相对较多的领域（见图 1-50）。

（五）江苏省

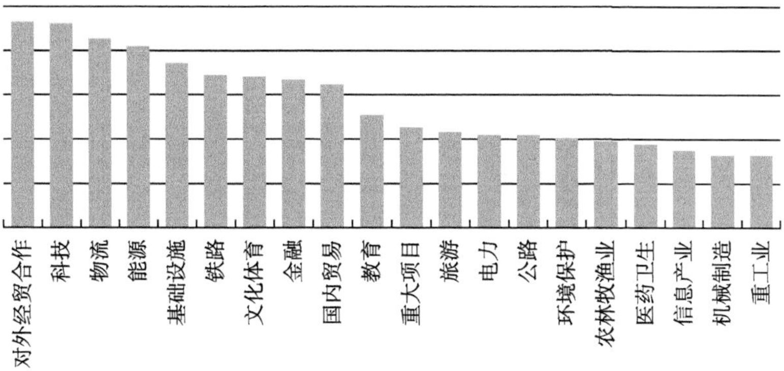

图 1-51　“一带一路”国内其他各省区市建设参与——江苏省

数据分析显示，江苏省在“一带一路”建设中参与较多的交流、合作或发展领域为对外经贸合作、科技和物流等，其他参与较多的领域还有能源、基础设施、铁路、文化体育、金融等（见图 1-51）。

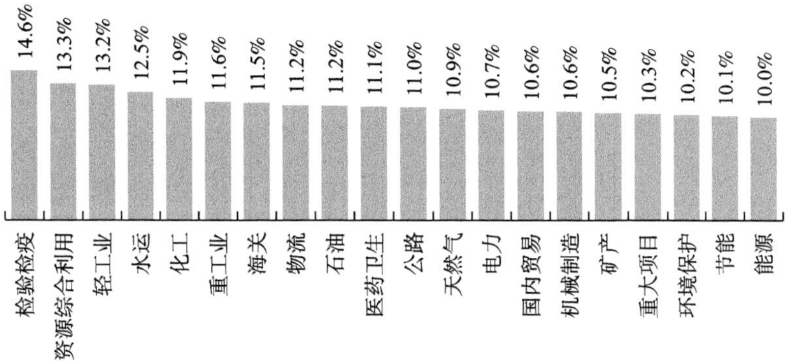

图 1-52　“一带一路”国内其他各省区市关注聚焦——江苏省

从相对数量分析来看，江苏省检验检疫领域的信息数量占比高于其他领域的信息数量占比，这说明相对于其他领域，江苏省对检验检疫领域的关注更多，资源综合利用、轻工业、水运、化工、重工业等也是江苏省关注相对较多的领域（见图 1-52）。

（六）安徽省

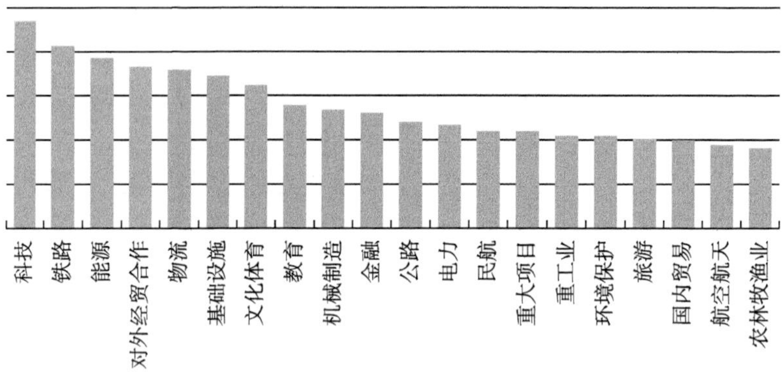

图 1-53　“一带一路”国内其他各省区市建设参与——安徽省

数据分析显示，安徽省在“一带一路”建设中参与较多的交流、合作或发展领域为科技、铁路、能源等，其他参与较多的领域还有对外经贸合作、物流、基础设施、文化体育等（见图 1-53）。

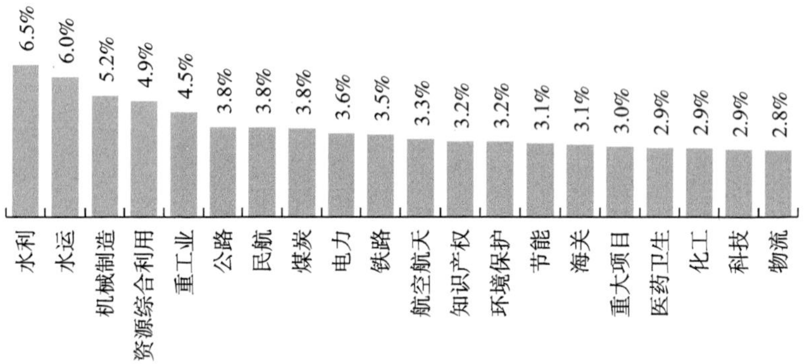

图 1-54　“一带一路”国内其他各省区市关注聚焦——安徽省

从相对数量分析来看，安徽省水利领域的信息数量占比高于其他领域的信息数量占比，这说明相对于其他领域，安徽省对水利领域更为关注，水运、机械制造、资源综合利用、重工业、公路等也是安徽省关注相对较多的领域（见图 1-54）。

（七）江西省

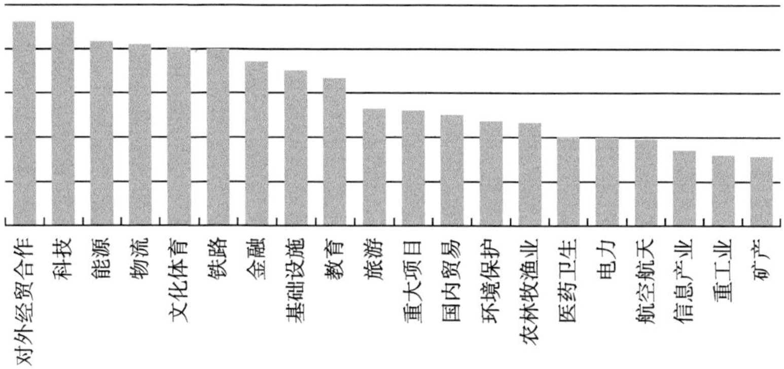

图 1-55　“一带一路”国内其他各省区市建设参与——江西省

数据分析显示，江西省在“一带一路”建设中参与较多的交流、合作或发展领域为对外经贸合作、科技、能源等，其他参与较多的领域还有物流、文化体育、铁路、金融、基础设施等（见图 1-55）。

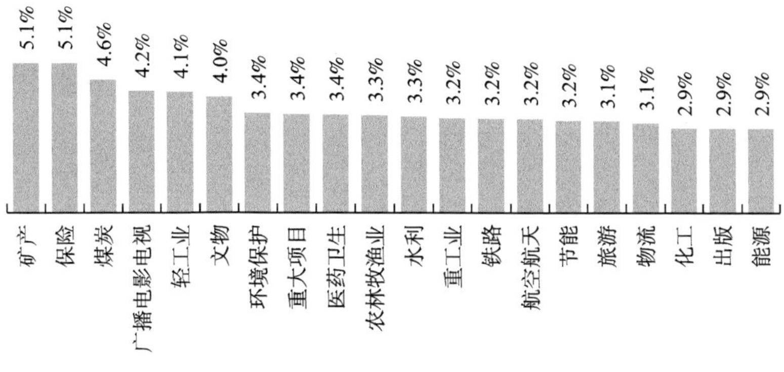

图 1-56　“一带一路”国内其他各省区市关注聚焦——江西省

从相对数量分析来看，江西省矿产领域的信息数量占比高于其他领域的信息数量占比，这说明相对于其他领域，江西省对矿产领域的关注更多，保险、煤炭、广播电影电视、轻工业等也是江西省关注相对较多的领域（见图 1-56）。

（八）山东省

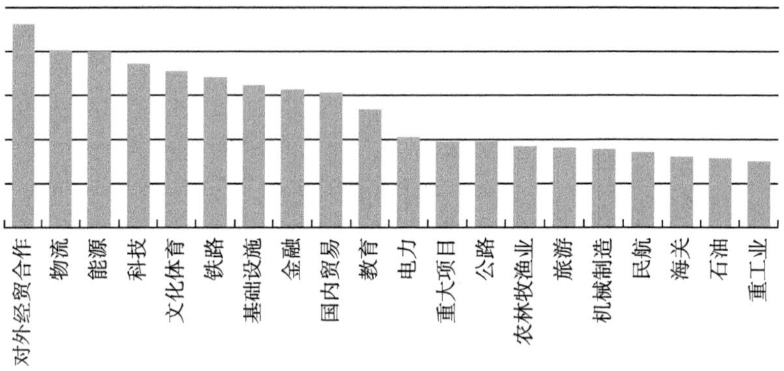

图 1-57　“一带一路”国内其他各省区市建设参与——山东省

数据分析显示，山东省在“一带一路”建设中参与较多的交流、合作或发展领域为对外经贸合作、物流、能源等，其他参与较多的领域还有科技、文化体育、铁路、基础设施、金融等（见图 1-57）。

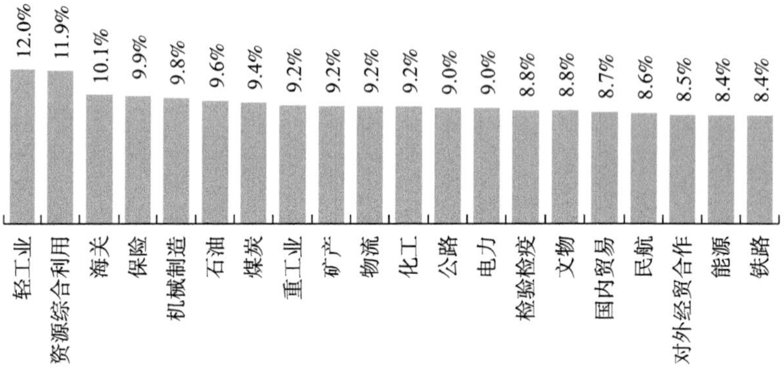

图 1-58　“一带一路”国内其他各省区市关注聚焦——山东省

从相对数量分析来看，山东省轻工业领域的信息数量占比高于其他领域的信息数量占比，这说明相对于其他领域，山东省对轻工业领域的关注更多，资源综合利用、海关、保险、机械制造、石油、煤炭等也是山东省关注相对较多的领域（见图 1-58）。

（九）河南省

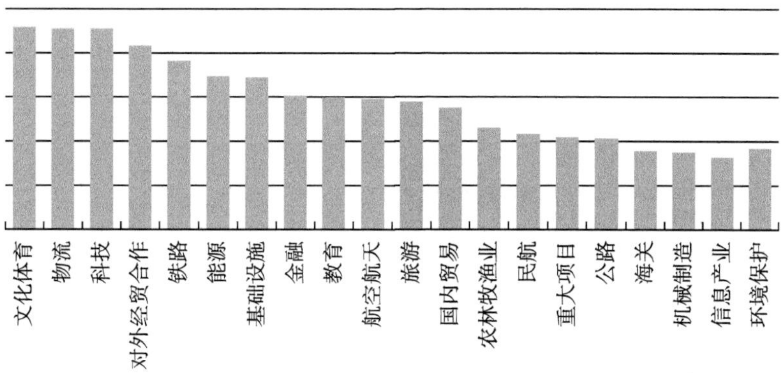

图 1-59　“一带一路”国内其他各省区市建设参与——河南省

数据分析显示，河南省在“一带一路”建设中参与较多的交流、合作或发展领域为文化体育、物流和科技等，其他参与较多的领域还有对外经贸合作、铁路、能源、基础设施、金融等（见图 1-59）。

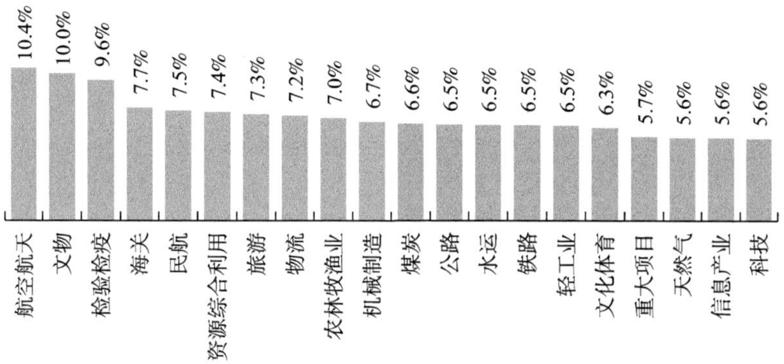

图 1-60　“一带一路”国内其他各省区市关注聚焦——河南省

从相对数量分析来看，河南省航空航天领域的信息数量占比高于其他领域的信息数量占比，这说明相对于其他领域，河南省对航空航天领域的关注更多，文物、检验检疫、海关、民航等也是河南省关注相对较多的领域（见图 1-60）。

（十）湖北省

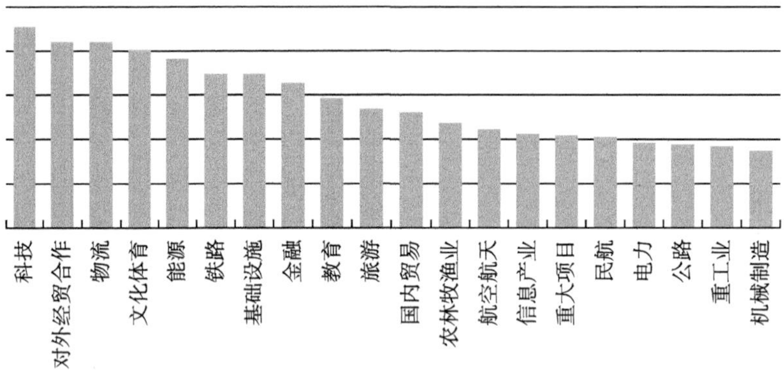

图 1-61 “一带一路”国内其他各省区市建设参与——湖北省

数据分析显示，湖北省在“一带一路”建设中参与较多的交流、合作或发展领域为科技、对外经贸合作、物流等，其他参与较多的领域还有文化体育、能源、铁路、基础设施、金融等（见图 1-61）。

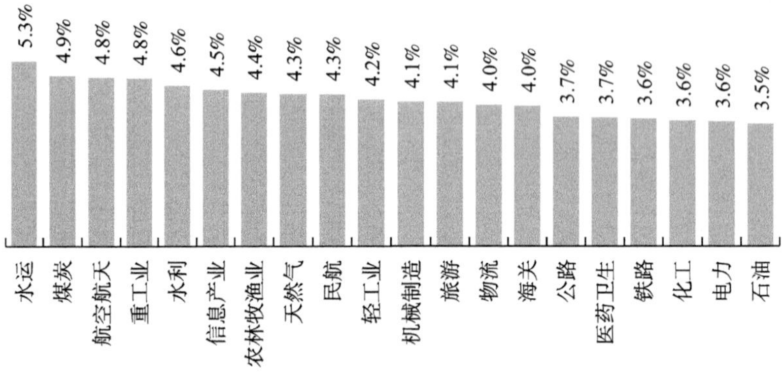

图 1-62 “一带一路”国内其他各省区市关注聚焦——湖北省

从相对数量分析来看，湖北省水运领域的信息数量占比高于其他领域的信息数量占比，这说明相对于其他领域，湖北省对水运领域的关注更多，煤炭、航空航天、重工业、水利、信息产业等也是湖北省关注相对较多的领域（见图 1-62）。

（十一）湖南省

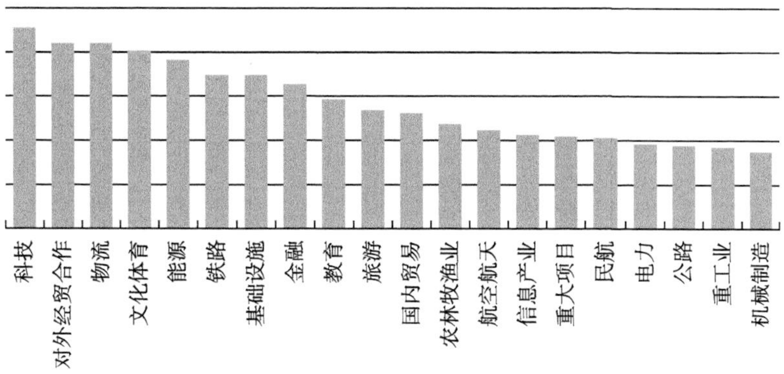

图 1-63　“一带一路”国内其他各省区市建设参与——湖南省

数据分析显示，湖南省在“一带一路”建设中参与较多的交流、合作或发展领域为科技、对外经贸合作、物流等，其他参与较多的领域还有文化体育、能源、铁路、基础设施、金融等（见图 1-63）。

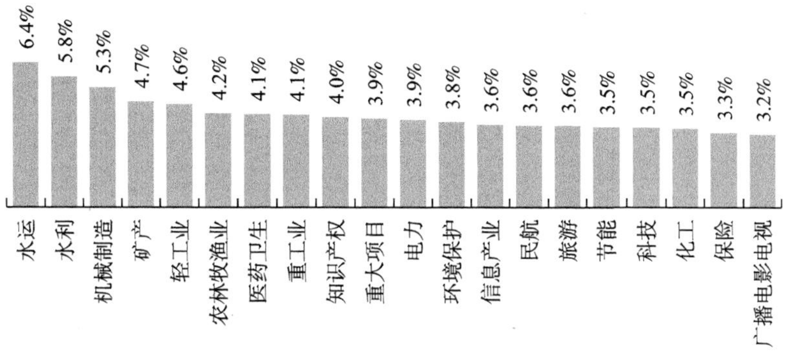

图 1-64　“一带一路”国内其他各省区市关注聚焦——湖南省

从相对数量分析来看，湖南省水运、水利领域的信息数量占比高于其他领域的信息数量占比，这说明相对于其他领域，湖南省对水运、水利领域的关注更多，机械制造、矿产、轻工业、农林牧渔业、医药卫生等也是湖南省关注相对较多的领域（见图 1-64）。

（十二）四川省

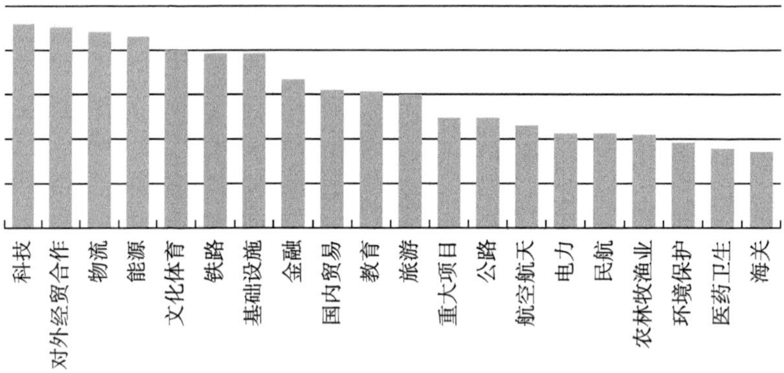

图 1-65　"一带一路"国内其他各省区市建设参与——四川省

数据分析显示，四川省在"一带一路"建设中参与较多的交流、合作或发展领域为科技、对外经贸合作和物流等，其他参与较多的领域还有能源、文化体育、铁路、基础设施、金融等（见图 1-65）。

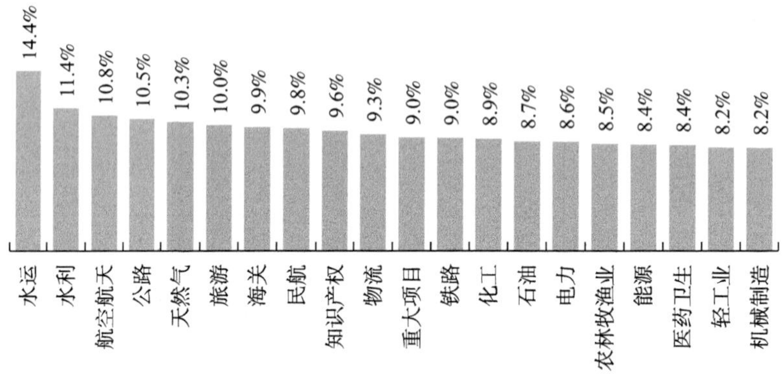

图 1-66　"一带一路"国内其他各省区市关注聚焦——四川省

从相对数量分析来看，四川省水运、水利领域的信息数量占比高于其他领域的信息数量占比，这说明相对于其他领域，四川省对水运、水利领域更为关注，航空航天、公路、天然气、旅游、海关等也是四川省关注相对较多的领域（见图 1-66）。

（十三）贵州省

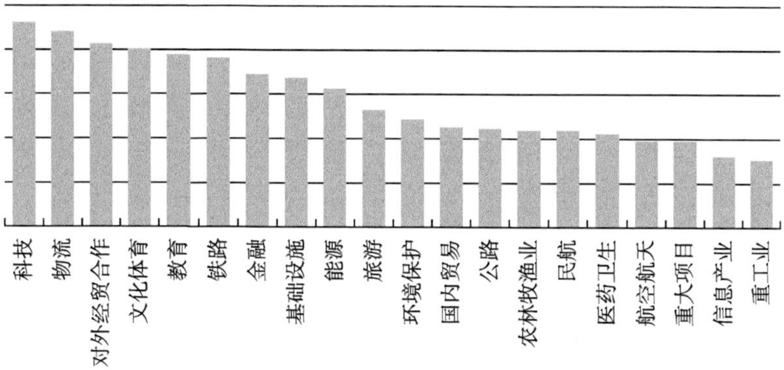

图 1-67　“一带一路”国内其他各省区市建设参与——贵州省

数据分析显示，贵州省在“一带一路”建设中参与较多的交流、合作或发展领域为科技、物流和对外经贸合作等，其他参与较多的领域还有文化体育、教育、铁路、金融、基础设施等（见图 1-67）。

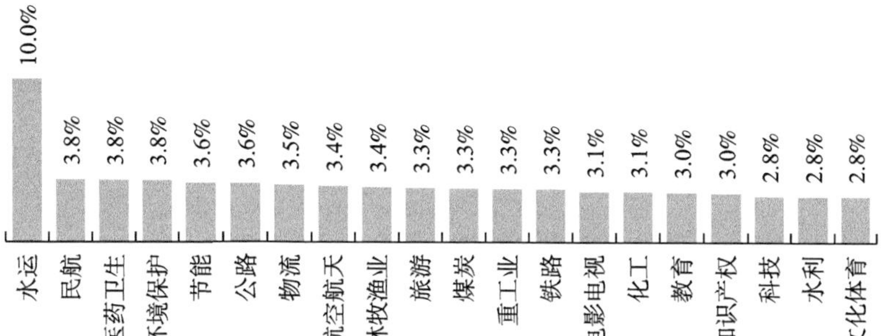

图 1-68　“一带一路”国内其他各省区市关注聚焦——贵州省

从相对数量分析来看，贵州省水运领域的信息数量占比高于其他领域的信息数量占比，这说明相对于其他领域，贵州省对水运领域的关注更多，民航、医药卫生、环境保护、节能、公路、物流、航空航天等也是贵州省关注相对较多的领域（见图 1-68）。

第五节　国内省区市“一带一路”相关活动参与

一、相关省区市活动参与

在18个相关省区市举办、参与的“一带一路”相关活动中，最多的形式为论坛，占比26.0%。之后是博览会，占比16.7%；研讨会，占比12.4%。峰会（占比12.2%）、座谈会（占比8.4%）、展览（占比7.6%），也是各相关省区市举办或参与较多的活动形式（见图1-69）。

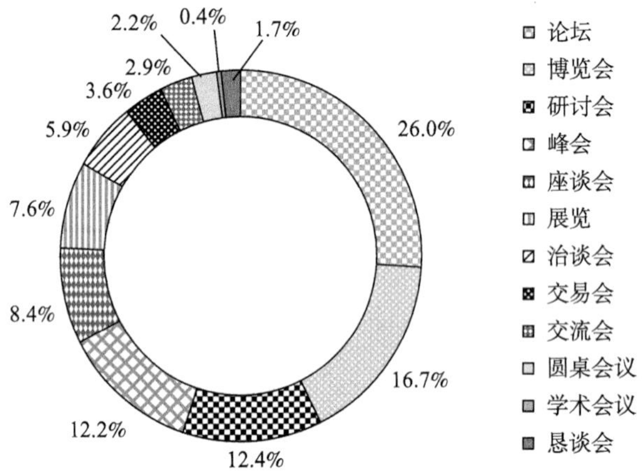

图1-69　相关省区市“一带一路”相关活动参与情况

二、其他省区市活动参与

在13个其他省区市举办、参与的“一带一路”相关活动中，最多的形式为论坛，占比28.5%。其次是峰会，占比15.3%；研讨会，占比13.4%；博览会，占比11.7%；座谈会，占比10.4%。展览（占比6.7%）、洽谈会（占比5.1%），也是其他省区市举办或参与较多的活动形式（见图1-70）。

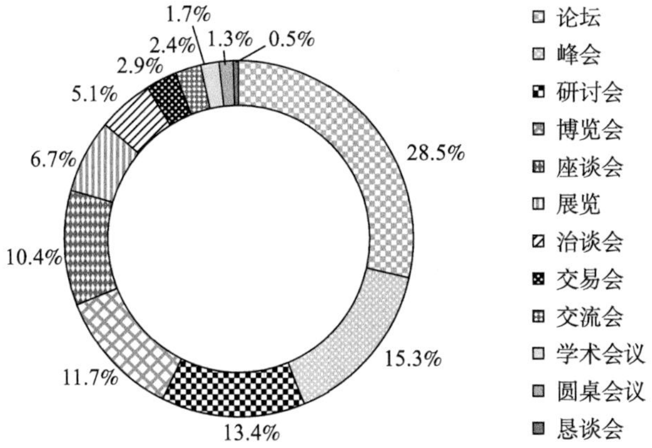

图 1-70　其他省区市“一带一路”相关活动参与情况

第二章
沿线国家对“一带一路”倡议的反应

第一节 沿线国家在“一带一路”中的影响力

一、“一带一路”沿线国家影响力

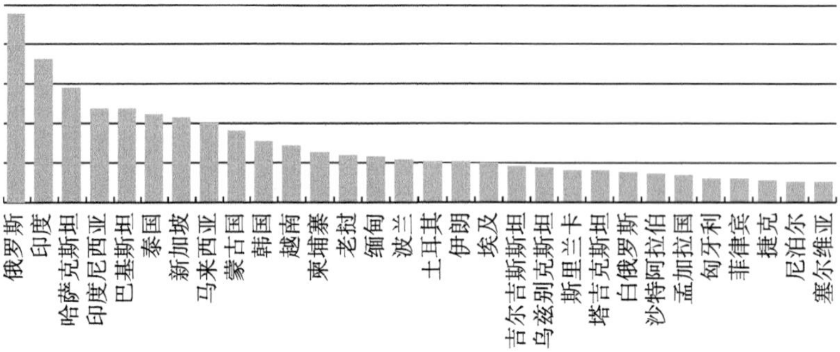

图 2-1 “一带一路”沿线国家影响力

“一带一路”沿线国家中，影响力最大的为俄罗斯，之后是印度和哈萨克斯坦。印度尼西亚、巴基斯坦、泰国、新加坡、马来西亚等国家的影响力也较大（见图2-1）。影响力较大的 30 个沿线国家中，有 11 个国家与我国接壤。

二、“一带一路”沿线地区及组织影响力

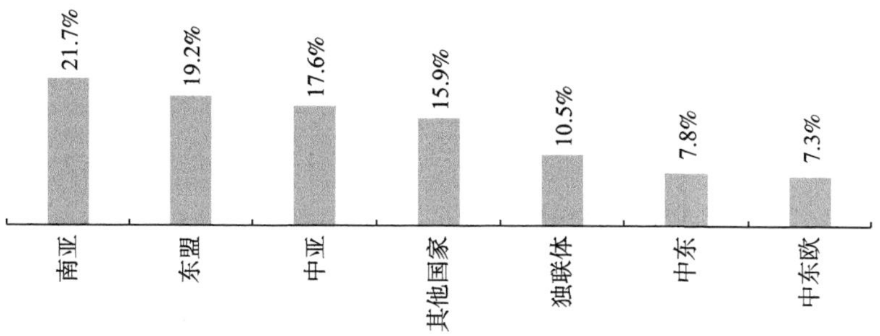

图 2-2　“一带一路”沿线地区及组织影响力

“一带一路”沿线地区及组织中，影响力最大的为南亚，相关信息数量占比 21.7%；其次是东盟，占比 19.2%；中亚位于第三，占比 17.6%；其他国家占比 15.9%（见图 2-2）。

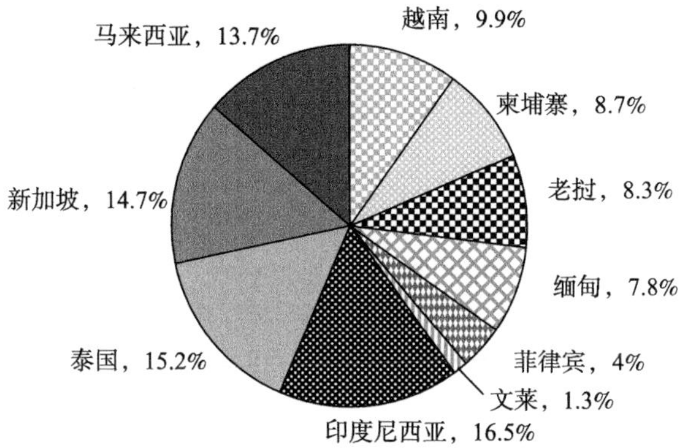

图 2-3　沿线地区及组织内国家影响力——东盟

在东盟十国中，影响力最大的为印度尼西亚，相关信息数量占比 16.5%；其次是泰国，占比 15.2%；其后是新加坡和马来西亚，占比分别为 14.7%和 13.7%（见图 2-3）。

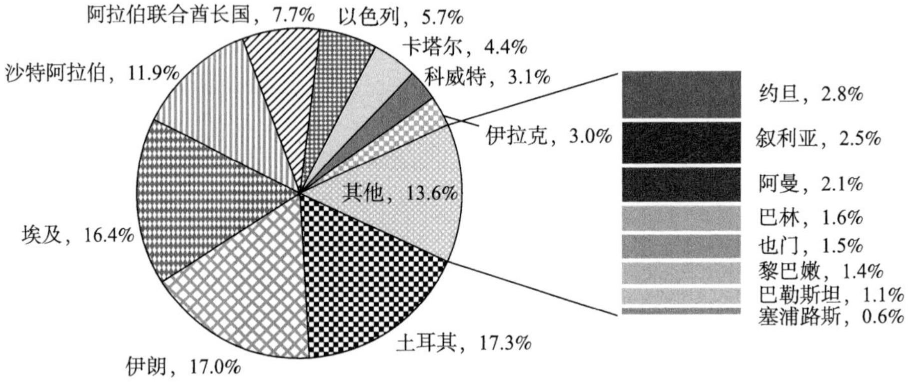

图 2-4　沿线地区及组织内国家影响力——中东

在中东地区的 17 个国家中，影响力最大的为土耳其，相关信息数量占比 17.3%；其次是伊朗，占比 17.0%；之后为埃及和沙特阿拉伯，占比分别为 16.4%和 11.9%；阿拉伯联合酋长国、以色列、卡塔尔、科威特和伊拉克等国家也有一定的影响力（见图 2-4）。

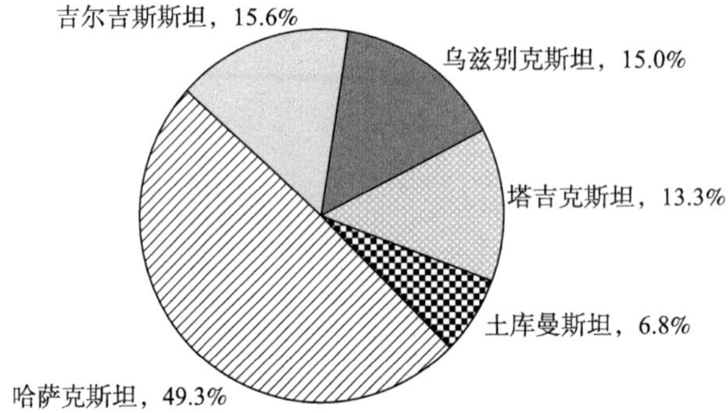

图 2-5　沿线地区及组织内国家影响力——中亚

在中亚五国中，影响力最大的为哈萨克斯坦，相关信息数量占比 49.3%；其次是吉尔吉斯斯坦，占比 15.6%；之后为乌兹别克斯坦、塔吉克斯坦和土库曼斯坦（见图 2-5）。

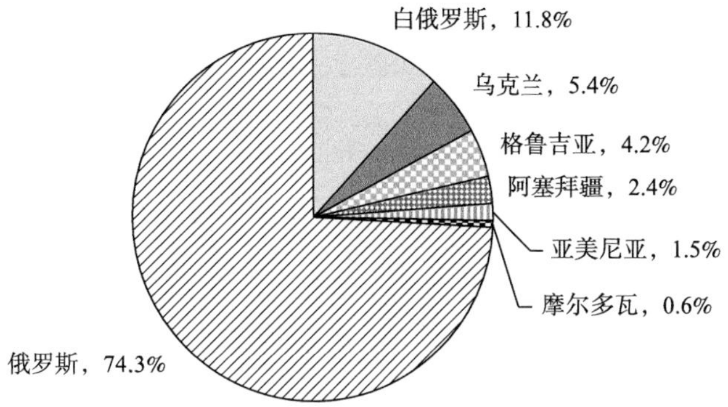

图 2-6　沿线地区及组织内国家影响力——独联体

在独联体的 7 个国家中，影响力最大的为俄罗斯，相关信息数量占比 74.3%；其他国家影响力与俄罗斯差距均较大，影响力次席的白俄罗斯，占比仅 11.8%（见图 2-6）。

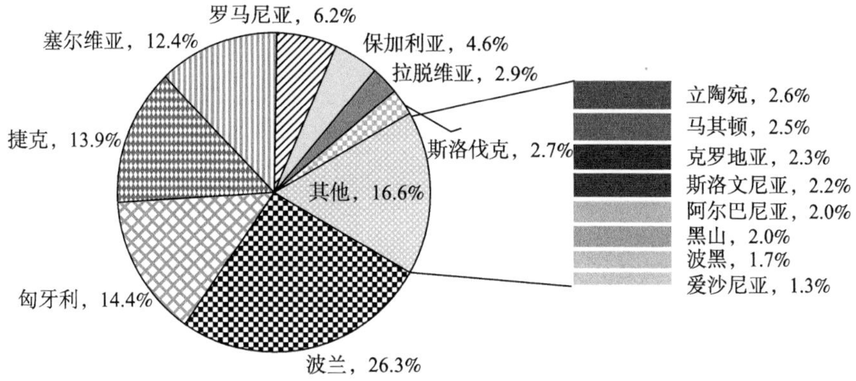

图 2-7　沿线地区及组织内国家影响力——中东欧

“中国—中东欧国家‘1+16’合作机制”的国家中，影响力最大的为波兰，相关信息数量占比 26.3%；其次是匈牙利，占比 14.4%；之后为捷克和塞尔维亚，占比分别为 13.9% 和 12.4%；罗马尼亚、保加利亚、拉脱维亚和斯洛伐克等国家也有一定的影响力（见图 2-7）。

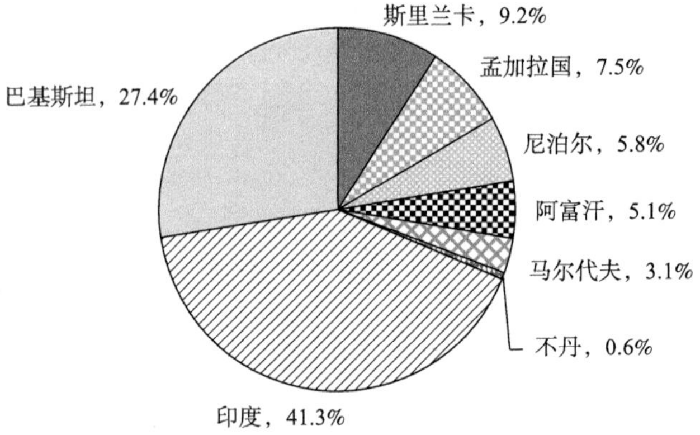

图 2-8　沿线地区及组织内国家影响力——南亚

在南亚的 8 个国家中，影响力最大的是印度，其相关信息数量占比 41.3%；其次是巴基斯坦，占比 27.4%；其他国家的影响力与前述两个国家均有较大差距（见图 2-8）。

第二节　沿线国家对“一带一路”倡议的反应

一、“一带一路”建设相关文件

“一带一路”倡议提出后，得到了沿线国家的积极支持、响应和参与，目前已有 45 个沿线国家与我国签署了双边或多边推进“一带一路”建设的相关文件（见表 2-1）。

表 2-1　与我国签署推进“一带一路”建设相关文件的国家

国家	日期	相关文件
柬埔寨	2016 年 10 月	《中华人民共和国和柬埔寨王国关于编制共同推进“一带一路”建设合作规划纲要的谅解备忘录》
老挝	2016 年 9 月	《中华人民共和国和老挝人民民主共和国关于编制共同推进“一带一路”建设合作规划纲要的谅解备忘录》

续表

国家	日期	相关文件
马来西亚	2015 年 11 月	《中国人民共和国和马来西亚联合声明》
缅甸	2014 年 11 月	《中华人民共和国与缅甸联邦共和国关于深化两国全面战略合作的联合声明》
泰国	2015 年 2 月	《中华人民共和国政府和泰王国政府联合新闻公报》
新加坡	2015 年 11 月	《中华人民共和国和新加坡共和国关于建立与时俱进的全方位合作伙伴关系的联合声明》
印度尼西亚	2015 年 3 月	《中华人民共和国和印度尼西亚共和国关于加强两国全面战略伙伴关系的联合声明》
越南	2017 年 1 月	《关于共同制定陆上基础设施合作 2016—2020 年规划的谅解备忘录》
卡塔尔	2015 年 4 月	《共建“一带一路”合作备忘录》
科威特	2014 年 6 月	《科中关于丝绸之路经济带和科威特丝绸城建设合作谅解备忘录》
沙特阿拉伯	2016 年 1 月	《中华人民共和国政府与沙特阿拉伯王国政府关于共同推进丝绸之路经济带和 21 世纪海上丝绸之路以及开展产能合作的谅解备忘录》
土耳其	2015 年 11 月	《“一带一路”建设谅解备忘录》
伊拉克	2017 年 3 月	《中华人民共和国和伊拉克共和国关于建立战略伙伴关系的联合声明》
伊朗	2016 年 1 月	《中华人民共和国政府和伊朗伊斯兰共和国政府关于共同推进“丝绸之路经济带”和“21 世纪海上丝绸之路”建设的谅解备忘录》
以色列	2017 年 3 月	《中华人民共和国和以色列国关于建立创新全面伙伴关系的联合声明》
约旦	2015 年 9 月	《中华人民共和国和约旦哈希姆王国关于建立战略伙伴关系的联合声明》
埃及	2016 年 1 月	《中华人民共和国政府和阿拉伯埃及共和国政府关于共同推进丝绸之路经济带和 21 世纪海上丝绸之路建设的谅解备忘录》
哈萨克斯坦	2016 年 9 月	《“丝绸之路经济带”建设与“光明之路”新经济政策对接合作规划》
吉尔吉斯斯坦	2016 年 6 月	《中华人民共和国政府和吉尔吉斯共和国政府联合公报》
塔吉克斯坦	2015 年 9 月	《关于编制中塔合作规划纲要的谅解备忘录》
土库曼斯坦	2014 年 5 月	《中华人民共和国和土库曼斯坦关于发展和深化战略伙伴关系的联合宣言》
乌兹别克斯坦	2016 年 6 月	《关于在落实建设“丝绸之路经济带”倡议框架下扩大互利经贸合作的议定书》

续表

国家	日期	相关文件
阿塞拜疆	2015 年 12 月	《中华人民共和国政府和阿塞拜疆共和国政府关于共同推进丝绸之路经济带建设的谅解备忘录》
白俄罗斯	2014 年 12 月	《中国商务部和白俄罗斯经济部关于共建“丝绸之路经济带”合作议定书》
俄罗斯	2015 年 5 月	《中华人民共和国与俄罗斯联邦关于丝绸之路经济带建设和欧亚经济联盟建设对接合作的联合声明》
格鲁吉亚	2015 年 3 月	《中国和格鲁吉亚关于加强共建丝绸之路经济带合作备忘录》
亚美尼亚	2015 年 3 月	《亚美尼亚共和国和中华人民共和国关于进一步发展和深化友好合作关系的联合声明》
保加利亚	2015 年 11 月	《共同推进“一带一路”建设谅解备忘录》
波兰	2015 年 11 月	《中波关于共同推进“一带一路”建设的谅解备忘录》
捷克	2015 年 11 月	《中华人民共和国政府和捷克共和国政府关于共同编制中捷合作规划纲要的谅解备忘录》
拉脱维亚	2016 年 11 月	《共同推进“一带一路”建设谅解备忘录》
罗马尼亚	2015 年 6 月	《推进“一带一路”建设的谅解备忘录》
塞尔维亚	2015 年 11 月	《共同推进“一带一路”建设谅解备忘录》
斯洛伐克	2015 年 11 月	《共同推进“一带一路”建设谅解备忘录》
匈牙利	2015 年 6 月	《中华人民共和国政府和匈牙利政府关于共同推进丝绸之路经济带和 21 世纪海上丝绸之路建设的谅解备忘录》
阿富汗	2016 年 5 月	《中华人民共和国和阿富汗伊斯兰共和国联合声明》
巴基斯坦	2015 年 4 月	《中华人民共和国和巴基斯坦伊斯兰共和国关于建立全天候战略合作伙伴关系的联合声明》
马尔代夫	2014 年 12 月	《中华人民共和国商务部和马尔代夫共和国经济发展部关于在中马经贸联委会框架下共同推进“21 世纪海上丝绸之路”建设的谅解备忘录》
孟加拉国	2016 年 10 月	《中华人民共和国和孟加拉人民共和国关于建立战略合作伙伴关系的联合声明》
尼泊尔	2014 年 12 月	《中华人民共和国商务部和尼泊尔政府财政部关于在中尼经贸联委会框架下共同推进“丝绸之路经济带”建设的谅解备忘录》

续表

国家	日期	相关文件
斯里兰卡	2016 年 4 月	《中华人民共和国和斯里兰卡民主社会主义共和国联合声明》
蒙古国	2016 年 9 月	《建设中蒙俄经济走廊规划纲要》
东帝汶	2014 年 4 月	《中华人民共和国和东帝汶民主共和国关于建立睦邻友好、互信互利的全面合作伙伴关系联合声明》
希腊	2016 年 7 月	《中华人民共和国和希腊共和国关于加强全面战略伙伴关系的联合声明》
新西兰	2017 年 3 月	《中华人民共和国政府和新西兰政府关于加强“一带一路”倡议合作的安排备忘录》

二、沿线地区及组织签署“一带一路”建设相关文件

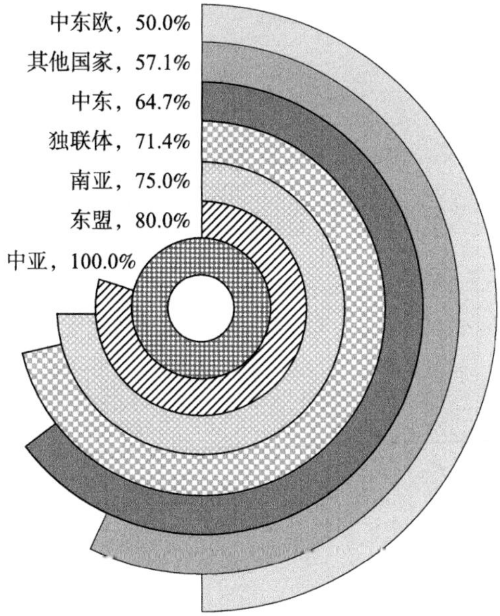

图 2-9　沿线地区及组织“一带一路”文件签署率

“一带一路”沿线各地区及组织中，中亚各国均已与我国签署推进“一带一路”建设相关文件，东盟 80.0%的国家已签署相关文件，南亚为 75%，独联体为 71.4%，中东为 64.7%，中东欧为 50.0%（见图 2-9）。除此以外，

一些区域性组织也与我国就共同推进“一带一路”建设签署了相关文件。例如，我国与东盟之间签署了《第19次中国—东盟领导人会议暨中国—东盟建立对话关系25周年纪念峰会联合声明》和《落实中国—东盟面向和平与繁荣的战略伙伴关系联合宣言的行动计划（2016—2020）》等外交文件；我国与中东欧国家签署了《中国—中东欧国家合作中期规划》和《中国—中东欧国家合作里加纲要》等外交文件；我国还与东盟内的中南半岛国家签署了《共建中国—中南半岛经济走廊倡议书》；等等。

第三节　沿线国家合作领域聚焦

一、沿线国家合作领域聚焦

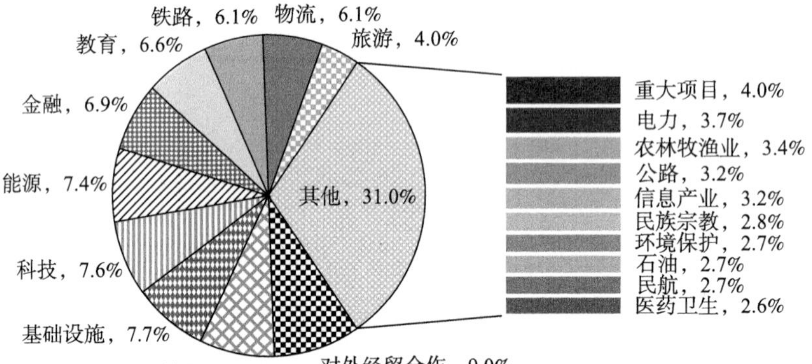

图2-10　“一带一路”沿线国家合作领域

“一带一路”沿线国家参与较多的20个合作领域中，最多的为对外经贸合作，相关信息数量占比9.0%；之后为文化体育和基础设施领域，占比均为7.7%；科技、能源、金融、教育、铁路、物流、旅游等也是沿线国家参与较多的领域（见图2-10）。

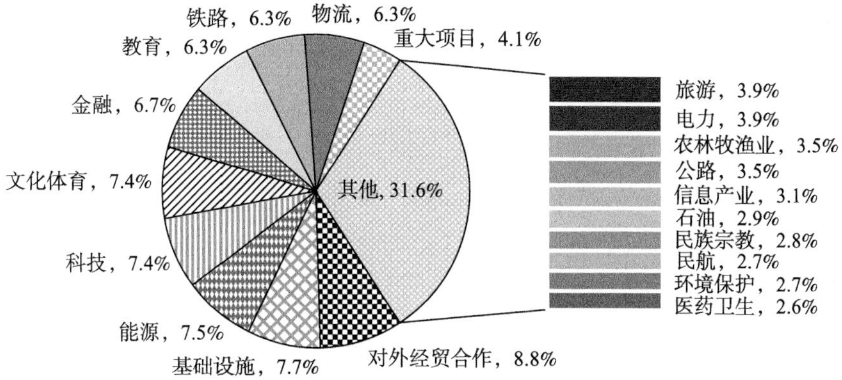

图 2-11　与我国接壤的“一带一路”沿线国家合作领域

与我国接壤的“一带一路”沿线国家参与较多的 20 个合作领域中，最多的为对外经贸合作，相关信息数量占比 8. 8%；之后为基础设施和能源领域，占比分别为 7. 7%和 7. 5%；科技、文化体育、金融、教育、铁路、物流等也是接壤国家参与较多的领域（见图 2-11）。

二、不同地区及组织合作领域聚焦

为消除各个组织、地区的影响力差异以及不同领域的关注热度带来的信息绝对数量的影响，本节采用相对数量分析。在相对数量分析中，某一组织或地区的某一领域占比，是指该组织或地区在该领域的相关信息数量占全部组织或地区该领域相关信息数量的比例，说明的是该组织或地区对该领域的关注相对于其他领域的情况。占比较高的领域是该组织或地区参与“一带一路”倡议规划面临的重大问题与挑战，或是其自然资源禀赋的展现，或为其发展较为先进的优势领域，或为其极具发展潜力的领域，或是其与其他国家或地区合作的重点领域。

（一）东盟

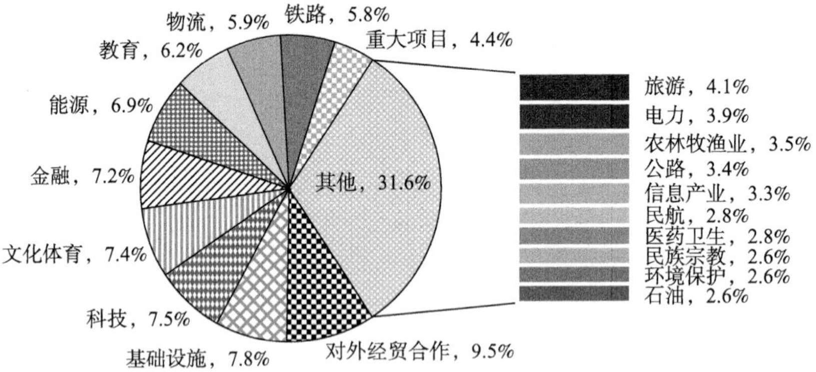

图 2-12　"一带一路"沿线国家合作领域——东盟

数据分析显示，东盟国家参与较多的 20 个合作领域中，最多的为对外经贸合作，相关信息数量占比 9.5%；之后为基础设施和科技领域，占比分别为 7.8%和 7.5%（见图 2-12）。

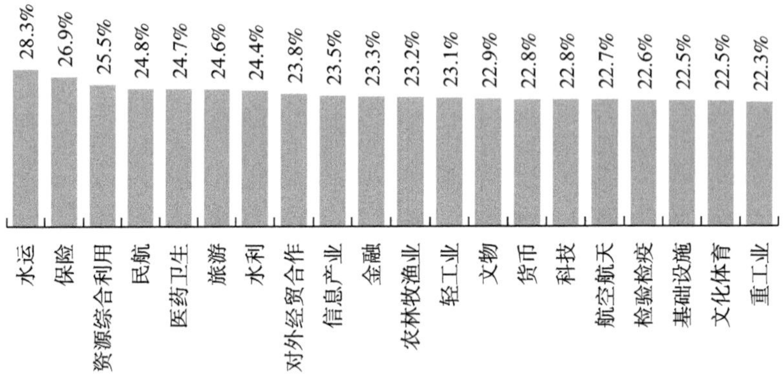

图 2-13　"一带一路"沿线国家合作聚焦——东盟

从相对数量分析来看，东盟国家的水运领域相关信息数量占比最高，这说明相对于其他领域，东盟国家对水运领域投入了更多的关注，之后为保险和资源综合利用领域（见图 2-13）。

（二）中东地区

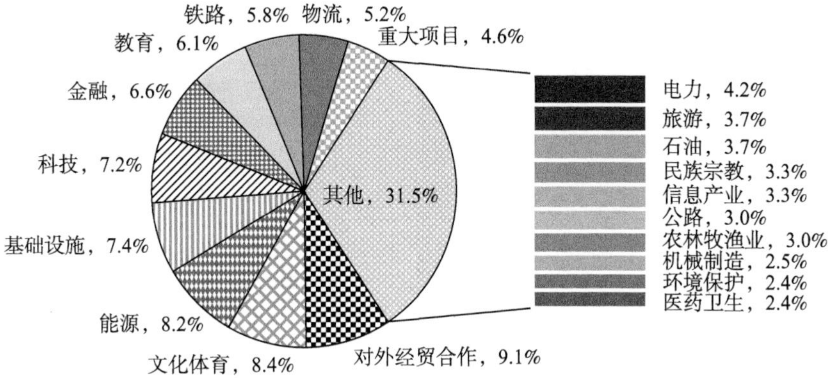

图 2-14　“一带一路”沿线国家合作领域——中东地区

数据分析显示，中东地区国家参与较多的 20 个合作领域中，最多的为对外经贸合作，相关信息数量占比 9. 1%；之后为文化体育和能源领域，占比分别为 8. 4%和 8. 2%（见图 2-14）。

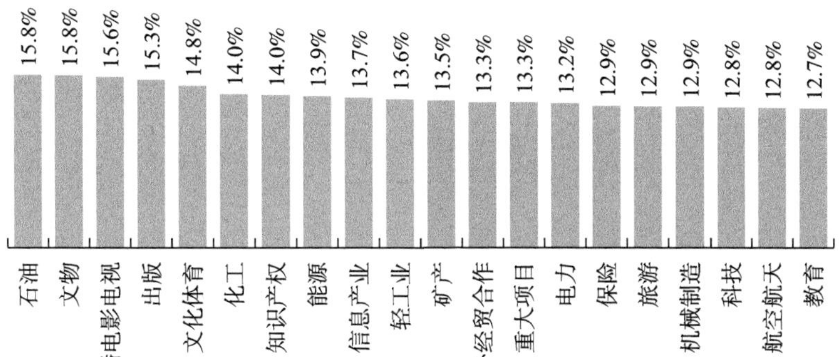

图 2-15　“一带一路”沿线国家合作聚焦——中东地区

从相对数量分析来看，中东地区国家的石油领域相关信息数量占比最高，这说明相对于其他领域，中东地区国家对石油领域投入了更多的关注，之后为文物和广播电影电视领域（见图 2-15）。

（三）中亚

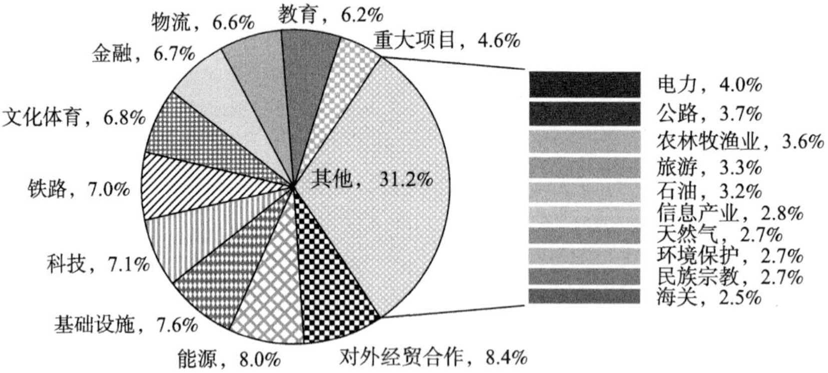

图 2-16 “一带一路”沿线国家合作领域——中亚

数据分析显示，中亚国家参与较多的 20 个合作领域中，最多的为对外经贸合作，相关信息数量占比 8.4%；之后为能源和基础设施领域，占比分别为 8.0%和 7.6%（见图 2-16）。

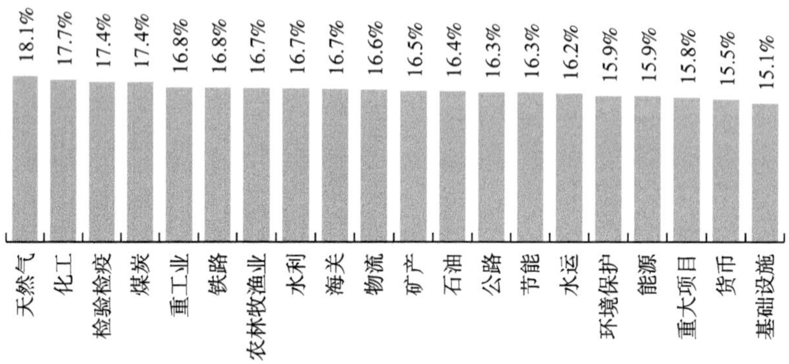

图 2-17 “一带一路”沿线国家合作聚焦——中亚

从相对数量分析来看，中亚国家的天然气领域相关信息数量占比最高，这说明相对于其他领域，中亚国家对天然气领域投入了更多的关注，之后为化工和检验检疫领域（见图 2-17）。

（四）独联体

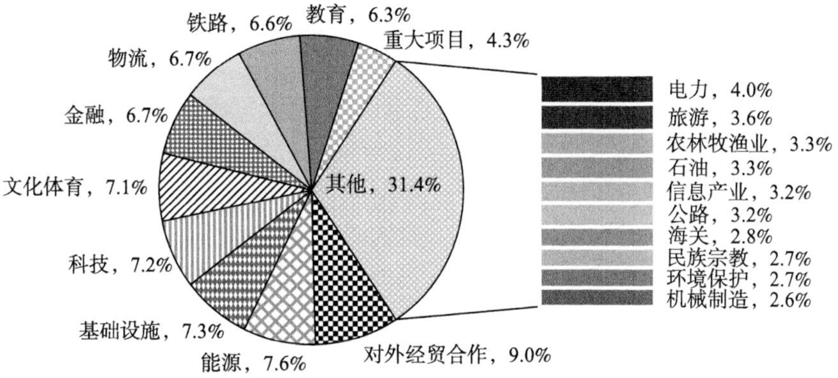

图 2-18　“一带一路”沿线国家合作领域——独联体

数据分析显示，独联体国家参与较多的 20 个合作领域中，最多的为对外经贸合作，相关信息数量占比 9.0%；之后为能源和基础设施领域，占比分别为 7.6%和 7.3%（见图 2-18）。

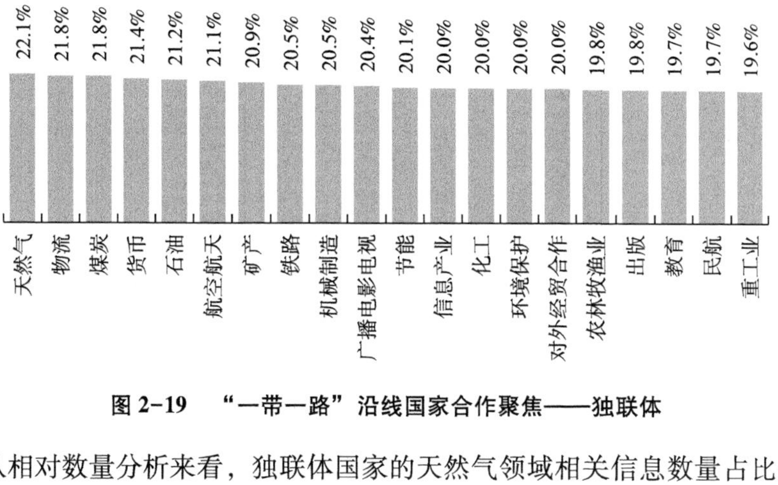

图 2-19　“一带一路”沿线国家合作聚焦——独联体

从相对数量分析来看，独联体国家的天然气领域相关信息数量占比最高，这说明相对于其他领域，独联体国家对天然气领域投入了更多的关注，之后为物流和煤炭领域（见图 2-19）。

（五）中东欧

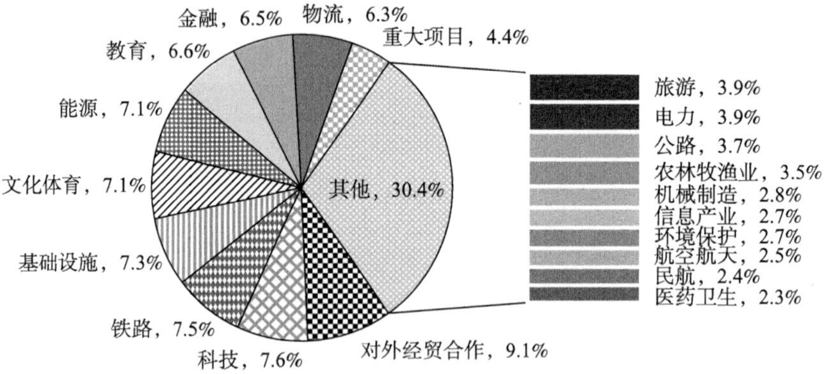

图 2-20　“一带一路”沿线国家合作领域——中东欧

数据分析显示，中东欧国家参与较多的 20 个合作领域中，最多的为对外经贸合作，相关信息数量占比 9.1%；之后为科技和铁路领域，占比分别为 7.6%和 7.5%（见图 2-20）。

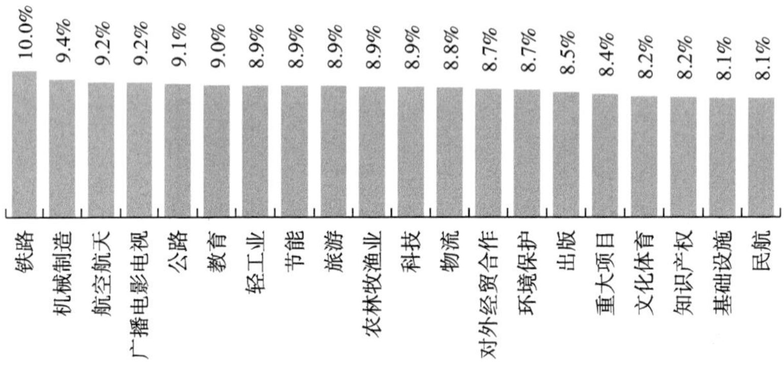

图 2-21　“一带一路”沿线国家合作聚焦——中东欧

从相对数量分析来看，中东欧国家的铁路领域相关信息数量占比最高，这说明相对于其他领域，中东欧国家对铁路领域投入了更多的关注，之后为机械制造和航空航天领域（见图 2-21）。

（六）南亚

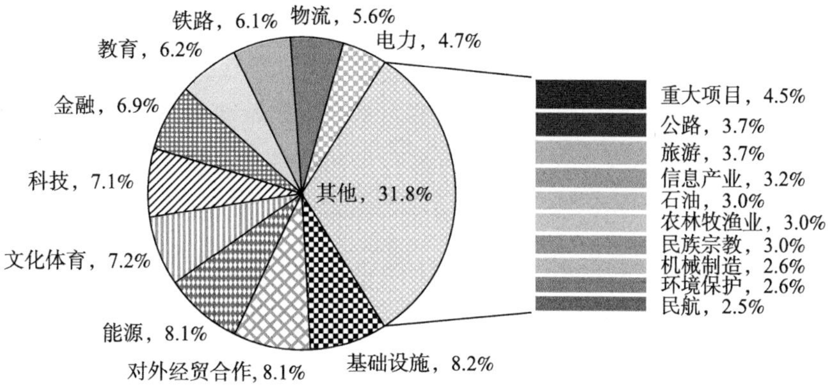

图 2-22 “一带一路”沿线国家合作领域——南亚

数据分析显示，南亚国家参与较多的 20 个合作领域中，最多的为基础设施，相关信息数量占比 8.2%；之后为对外经贸合作和能源领域，占比均为 8.1%（见图 2-22）。

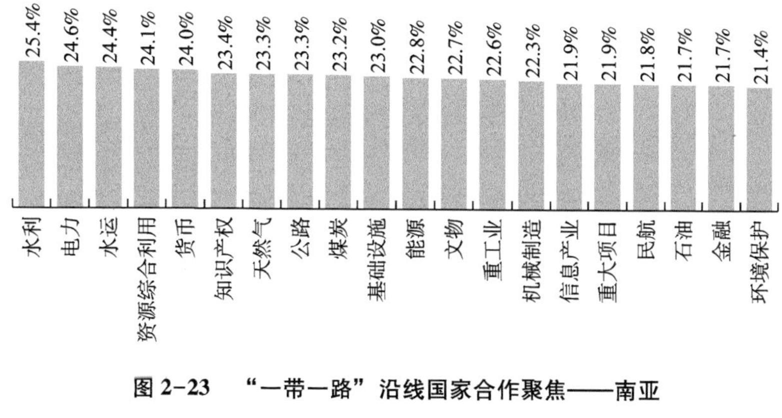

图 2-23 “一带一路”沿线国家合作聚焦——南亚

从相对数量分析来看，南亚国家的水利领域相关信息数量占比最高，说明相对于其他领域，南亚国家对水利领域投入了更多的关注，之后为电力和水运领域（见图 2-23）。

第四节 “一带一路”沿线国家分析

为尽量减小各个国家、地区的影响力差异，或不同领域的关注热度带来的信息绝对数量的影响，本节部分内容采用相对数量分析，以探索各国家或地区在“一带一路”倡议建设中的差异。在相对数量分析中，某一国家或地区的某一领域占比，是指该国家或地区在该领域的相关信息数量占所有国家或地区该领域相关信息数量的比例，说明的是该国家或地区对该领域的关注相对于其他领域的情况。占比较高的领域是该国家或地区参与“一带一路”倡议面临的重大问题与挑战，或是其自然资源禀赋的展现，或为其发展较为先进的优势领域，或是其与其他国家或地区合作的重点领域。

一、东盟

（一）菲律宾

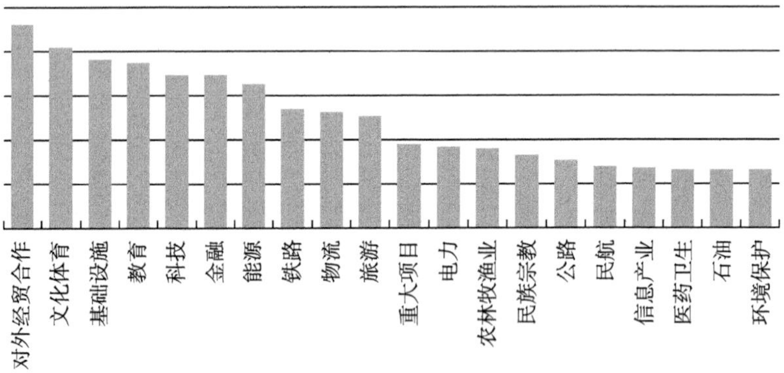

图 2-24　“一带一路”沿线各国家参与领域——菲律宾

数据分析显示，菲律宾在响应“一带一路”倡议的过程中，参与较多的交流、合作或发展领域为对外经贸合作、文化体育和基础设施等，其他参与较多的领域还有教育、科技、金融、能源等（见图 2-24）。

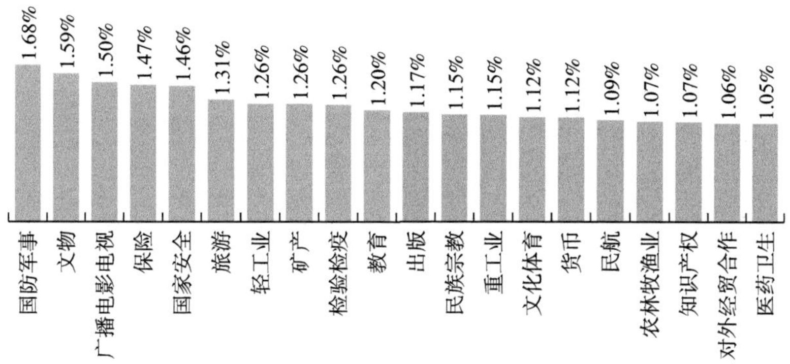

图 2-25　“一带一路”沿线各国家关注聚焦——菲律宾

从相对数量分析来看，菲律宾的国防军事领域相关信息数量占比最高，这说明相对于其他领域，菲律宾对国防军事领域投入了更多的关注，之后为文物、广播电影电视、保险、国家安全、旅游等领域（见图 2-25）。

（二）柬埔寨

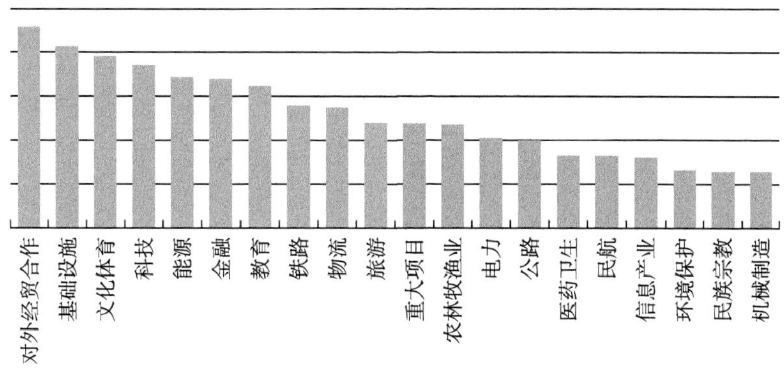

图 2-26　“一带一路”沿线各国家参与领域——柬埔寨

数据分析显示，柬埔寨在响应“一带一路”倡议的过程中，参与较多的交流、合作或发展领域为对外经贸合作、基础设施和文化体育等，其他参与较多的领域还有科技、能源、金融、教育等（见图 2-26）。

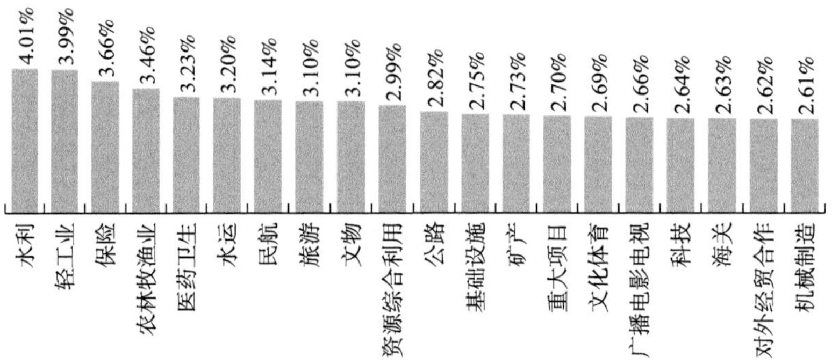

图 2-27　“一带一路”沿线各国家关注聚焦——柬埔寨

从相对数量分析来看，柬埔寨的水利领域相关信息数量占比最高，这说明相对于其他领域，柬埔寨对水利领域投入了更多的关注，之后为轻工业和保险领域，农林牧渔业、医药卫生、水运、民航、旅游等也是柬埔寨关注相对较多的领域（见图 2-27）。

（三）老挝

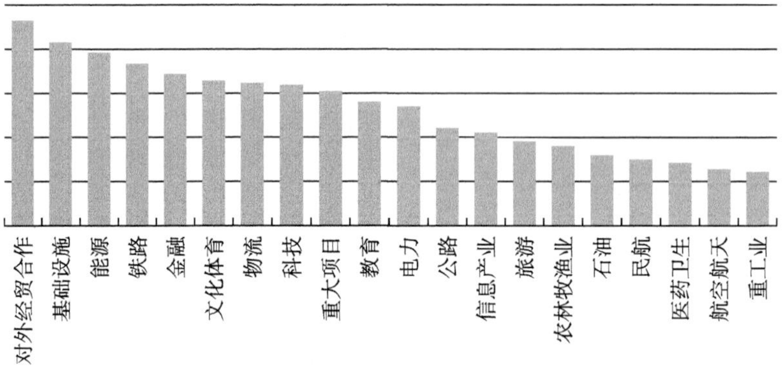

图 2-28　“一带一路”沿线各国家参与领域——老挝

数据分析显示，老挝在响应“一带一路”倡议的过程中，参与较多的交流、合作或发展领域为对外经贸合作、基础设施和能源，其他参与较多的领域还有铁路、金融、文化体育、物流等（见图 2-28）。

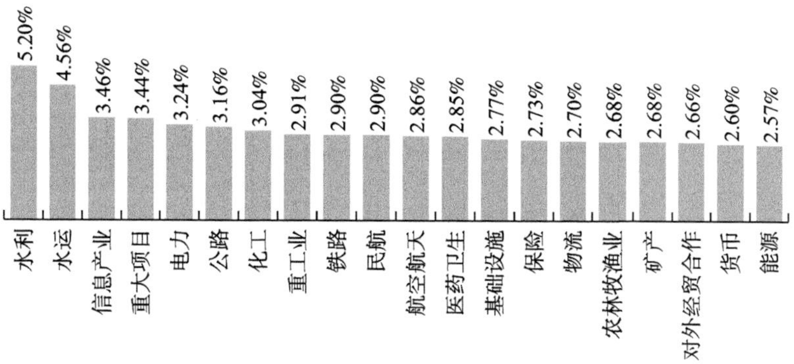

图 2-29　“一带一路”沿线各国家关注聚焦——老挝

从相对数量分析来看，老挝的水利领域相关信息数量占比最高，这说明相对于其他领域，老挝对水利领域投入了更多的关注，之后为水运和信息产业领域，重大项目、电力、公路、化工、重工业等也是老挝关注相对较多的领域（见图 2-29）。

（四）马来西亚

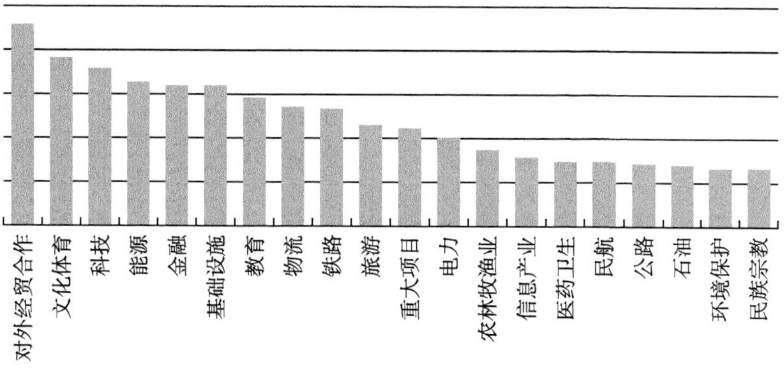

图 2-30　“一带一路”沿线各国家参与领域——马来西亚

数据分析显示，马来西亚在响应“一带一路”倡议的过程中，参与较多的交流、合作或发展领域为对外经贸合作、文化体育和科技等，其他参与较多的领域还有能源、金融、基础设施、教育等（见图 2-30）。

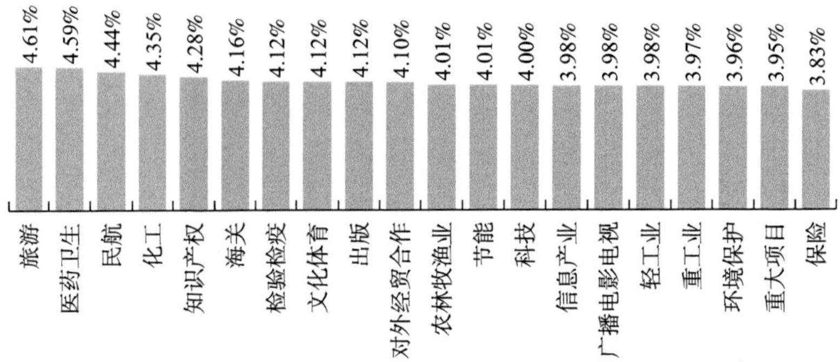

图 2-31 “一带一路”沿线各国家关注聚焦——马来西亚

从相对数量分析来看，马来西亚的旅游领域相关信息数量占比最高，这说明相对于其他领域，马来西亚对旅游领域投入了更多的关注，之后为医药卫生和民航领域，化工、知识产权、海关、检验检疫、文化体育、出版等也是马来西亚关注相对较多的领域（见图 2-31）。

（五）缅甸

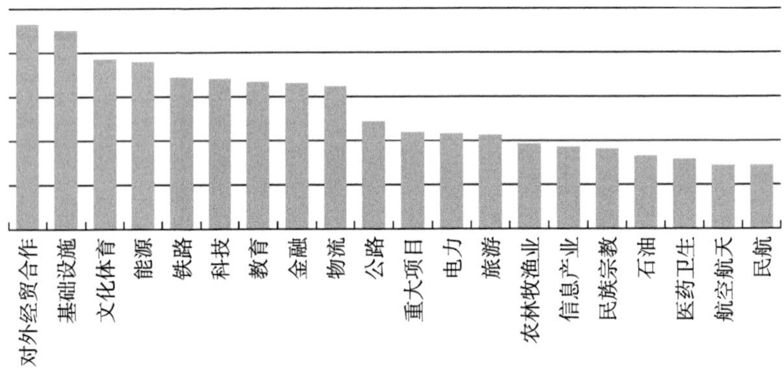

图 2-32 “一带一路”沿线各国家参与领域——缅甸

数据分析显示，缅甸在响应“一带一路”倡议的过程中，参与较多的交流、合作或发展领域为对外经贸合作、基础设施和文化体育等，其他参与较多的领域还有能源、铁路、科技、教育等（见图 2-32）。

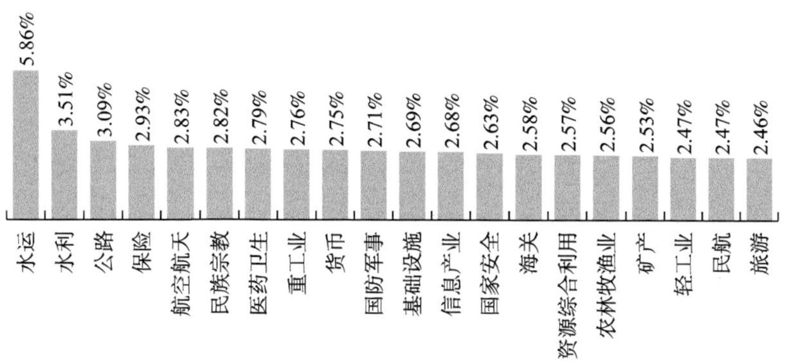

图 2-33 “一带一路”沿线各国家关注聚焦——缅甸

从相对数量分析来看，缅甸的水运领域相关信息数量占比最高，这说明相对于其他领域，缅甸对水运领域投入了更多的关注，之后为水利和公路领域，保险、航空航天、民族宗教、医药卫生、重工业等也是缅甸关注相对较多的领域（见图 2-33）。

（六）泰国

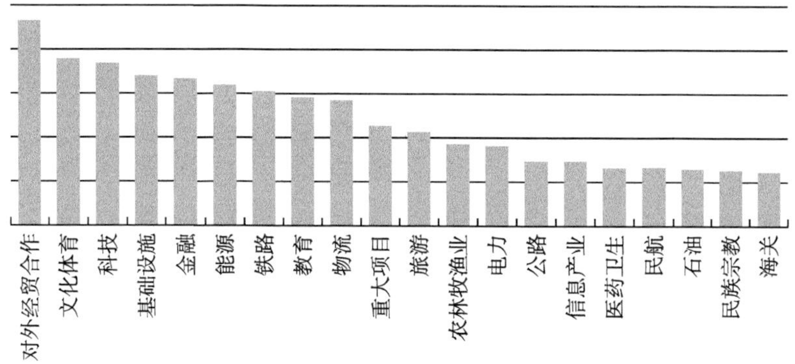

图 2-34 “一带一路”沿线各国家参与领域——泰国

数据分析显示，泰国在响应“一带一路”倡议的过程中，参与较多的交流、合作或发展领域为对外经贸合作、文化体育和科技，其他参与较多的领域还有基础设施、金融、能源、铁路、教育等（见图 2-34）。

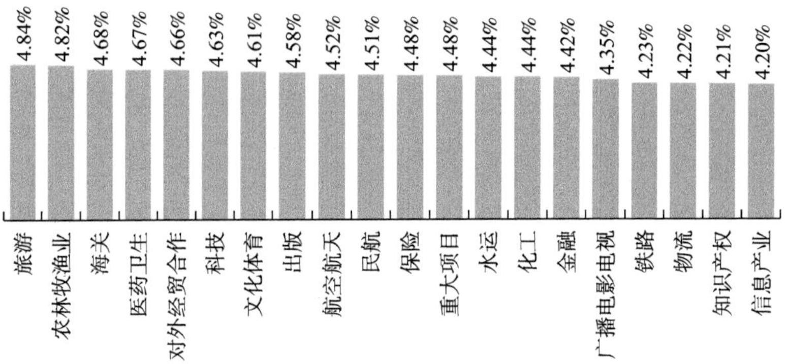

图 2-35　“一带一路”沿线各国家关注聚焦——泰国

从相对数量分析来看，泰国的旅游领域相关信息数量占比最高，这说明相对于其他领域，泰国对旅游领域投入了更多的关注，之后为农林牧渔业和海关领域，医药卫生、对外经贸合作、科技、文化体育、出版、航空航天等也是泰国关注相对较多的领域（见图 2-35）。

（七）文莱

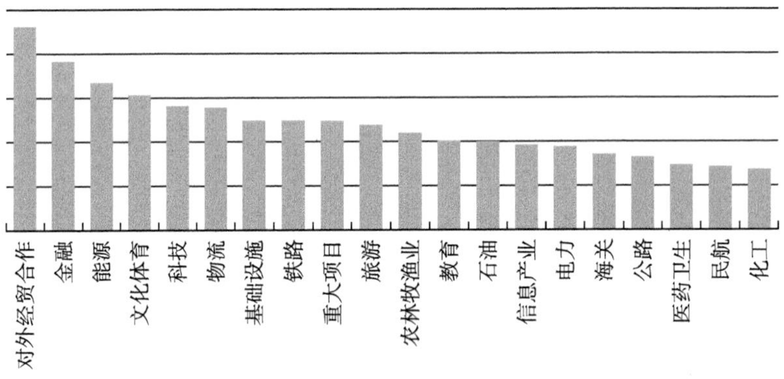

图 2-36　“一带一路”沿线各国家参与领域——文莱

数据分析显示，文莱在响应“一带一路”倡议的过程中，参与较多的交流、合作或发展领域为对外经贸合作、金融、能源等，其他参与较多的领域还有文化体育、科技、物流、基础设施、铁路等（见图 2-36）。

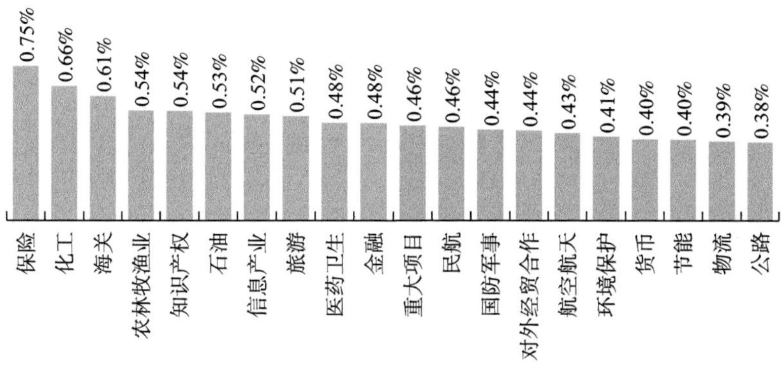

图 2-37“一带一路”沿线各国家关注聚焦——文莱

从相对数量分析来看，文莱的保险领域相关信息数量占比最高，这说明相对于其他领域，文莱对保险领域投入了更多的关注，之后为化工和海关领域，农林牧渔业、知识产权、石油、信息产业、旅游等也是文莱关注相对较多的领域（见图 2-37）。

（八）新加坡

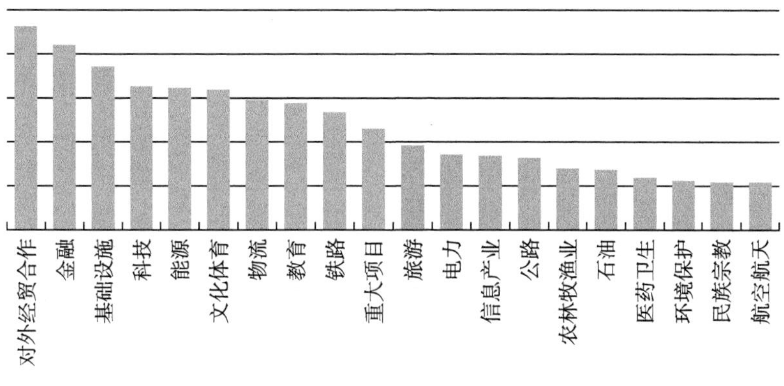

图 2-38 “一带一路”沿线各国家参与领域——新加坡

数据分析显示，新加坡在响应“一带一路”倡议的过程中，参与较多的交流、合作或发展领域为对外经贸合作、金融和基础设施等，其他参与较多的领域还有科技、能源、文化体育、物流等（见图 2-38）。

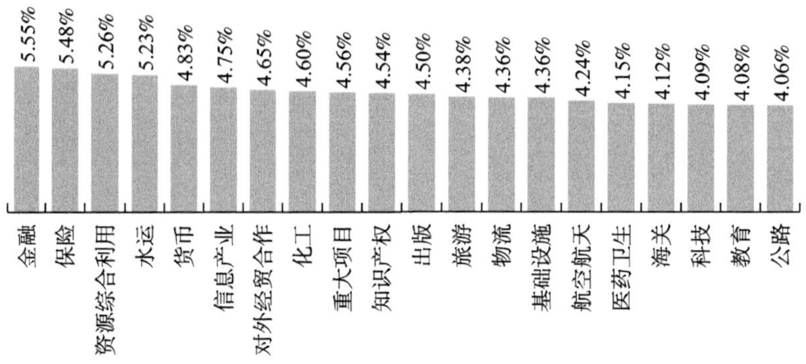

图 2-39　“一带一路”沿线各国家关注聚焦——新加坡

从相对数量分析来看，新加坡的金融领域相关信息数量占比最高，这说明相对于其他领域，新加坡对金融领域投入了更多的关注，之后为保险和资源综合利用领域，水运、货币、信息产业、对外经贸合作、化工等也是新加坡关注相对较多的领域（见图 2-39）。

（九）印度尼西亚

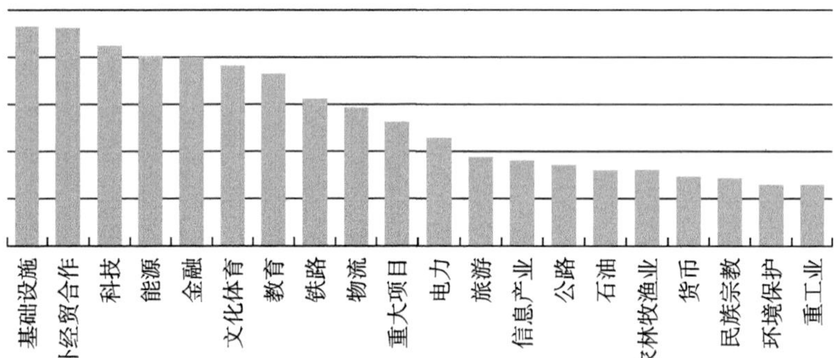

图 2-40　“一带一路”沿线各国家参与领域——印度尼西亚

数据分析显示，印度尼西亚在响应“一带一路”倡议的过程中，参与较多的交流、合作或发展领域为基础设施、对外经贸合作和科技，其他参与较多的领域还有能源、金融、文化体育、教育等（见图 2-40）。

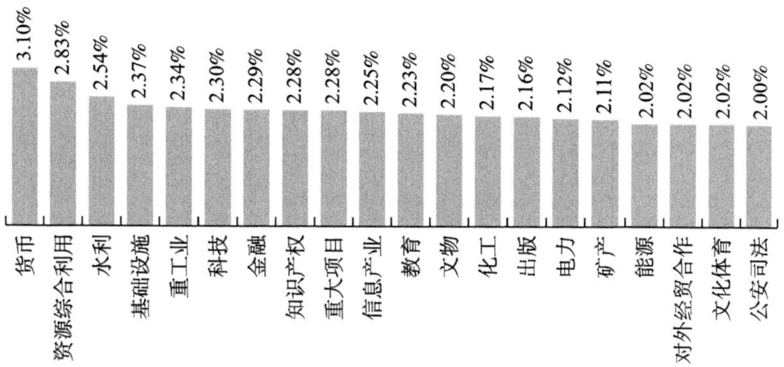

图 2-41 "一带一路"沿线各国家关注聚焦——印度尼西亚

从相对数量分析来看，印度尼西亚的货币领域相关信息数量占比最高，这说明相对于其他领域，印度尼西亚对货币领域投入了更多的关注，之后为资源综合利用和水利领域，基础设施、重工业、科技、金融、知识产权等也是印度尼西亚关注相对较多的领域（见图 2-41）。

（十）越南

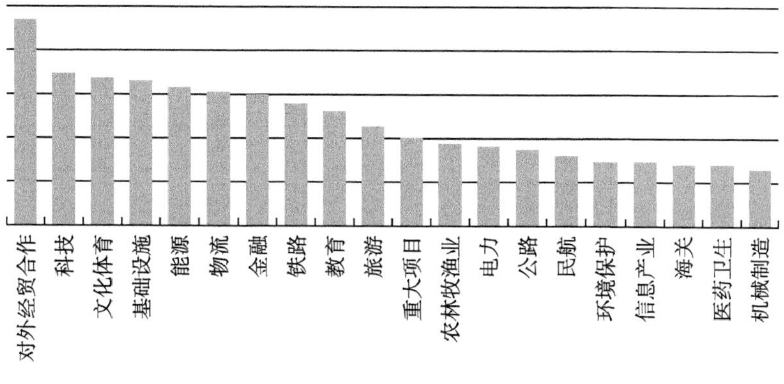

图 2-42 "一带一路"沿线各国家参与领域——越南

数据分析显示，越南在响应"一带一路"倡议的过程中，参与较多的交流、合作或发展领域为对外经贸合作、科技和文化体育，其他参与较多的领域还有基础设施、能源、物流、金融等（见图 2-42）。

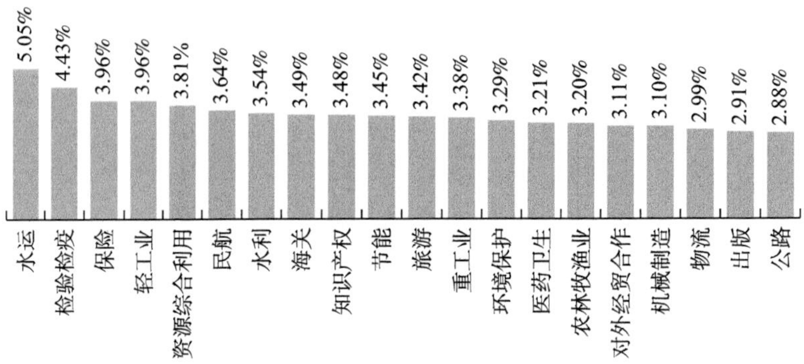

图 2-43　“一带一路”沿线各国家关注聚焦——越南

从相对数量分析来看，越南的水运领域相关信息数量占比最高，这说明相对于其他领域，越南对水运领域投入了更多的关注，之后为检验检疫和保险领域，轻工业、资源综合利用、民航、水利、海关等也是越南关注相对较多的领域（见图 2-43）。

二、中东地区

（一）阿拉伯联合酋长国

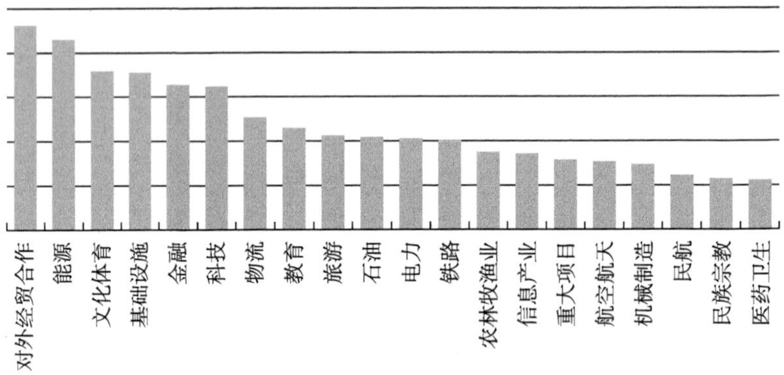

图 2-44　“一带一路”沿线各国家参与领域——阿拉伯联合酋长国

数据分析显示，阿拉伯联合酋长国在响应“一带一路”倡议的过程中，参与较多的交流、合作或发展领域为对外经贸合作、能源和文化体育，其他主要参与的领域还有基础设施、金融、科技、物流等（见图 2-44）。

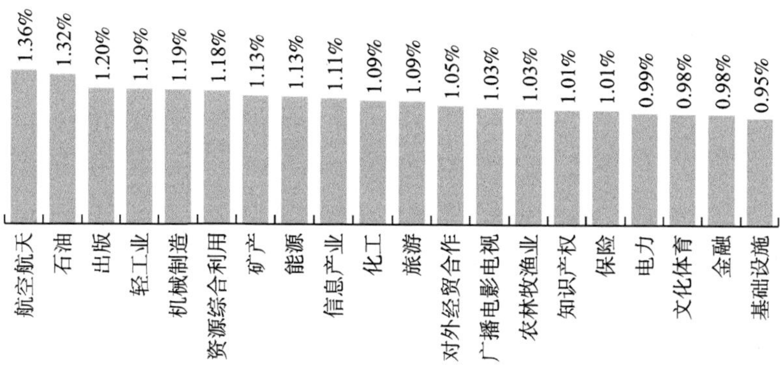

图 2-45　“一带一路”沿线各国家关注聚焦——阿拉伯联合酋长国

从相对数量分析来看，阿拉伯联合酋长国的航空航天领域相关信息数量占比最高，这说明相对于其他领域，阿拉伯联合酋长国对航空航天领域投入了更多的关注，之后为石油、出版、轻工业、机械制造等领域（见图 2-45）。

（二）阿曼

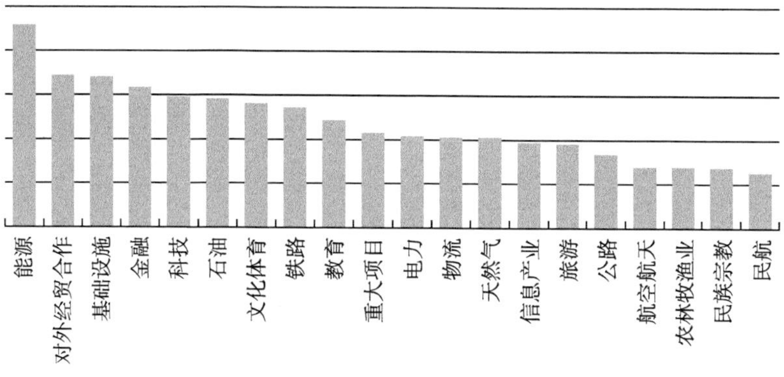

图 2-46　“一带一路”沿线各国家参与领域——阿曼

数据分析显示，阿曼在响应“一带一路”倡议的过程中，参与较多的交流、合作或发展领域为能源、对外经贸合作和基础设施等，其他主要参与的领域还有金融、科技、石油、文化体育、铁路等（见图 2-46）。

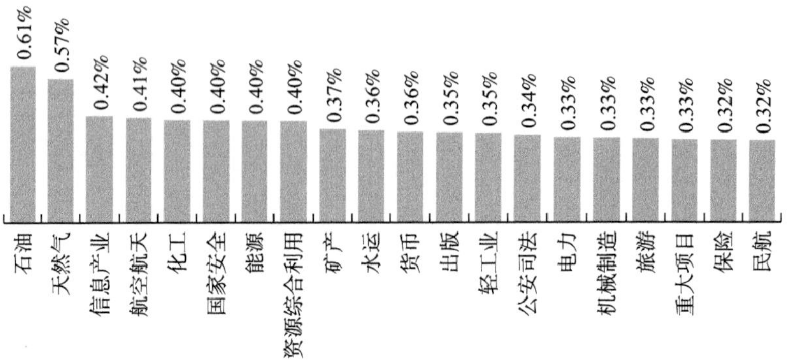

图 2-47　“一带一路”沿线各国家关注聚焦——阿曼

从相对数量分析来看，阿曼的石油领域相关信息数量占比最高，这说明相对于其他领域，阿曼对石油领域投入了更多的关注，之后为天然气和信息产业领域，航空航天、化工、国家安全、能源、资源综合利用等也是阿曼关注相对较多的领域（见图 2-47）。

（三）巴勒斯坦

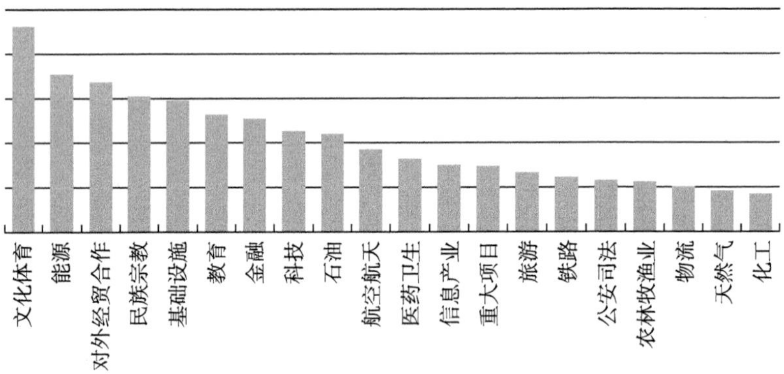

图 2-48　“一带一路”沿线各国家参与领域——巴勒斯坦

数据分析显示，巴勒斯坦在响应“一带一路”倡议的过程中，参与较多的交流、合作或发展领域为文化体育、能源和对外经贸合作等，其他主要参与的领域还有民族宗教、基础设施、教育等（见图 2-48）。

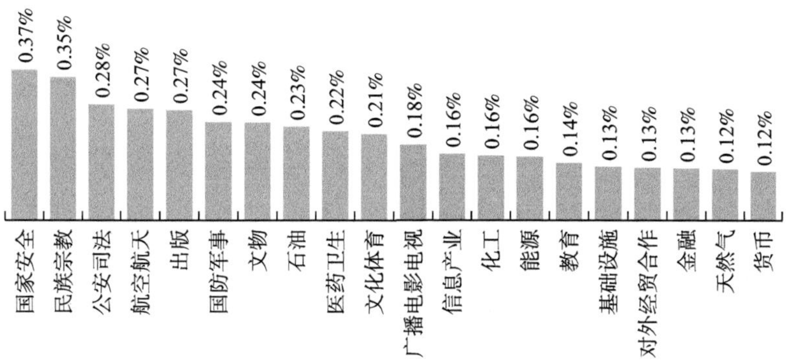

图 2-49　“一带一路”沿线各国家关注聚焦——巴勒斯坦

从相对数量分析来看，巴勒斯坦的国家安全领域相关信息数量占比最高，这说明相对于其他领域，巴勒斯坦对国家安全领域投入了更多的关注，之后为民族宗教和公安司法领域，航空航天、出版、国防军事、文物、石油等也是巴勒斯坦关注相对较多的领域（见图 2-49）。

（四）巴林

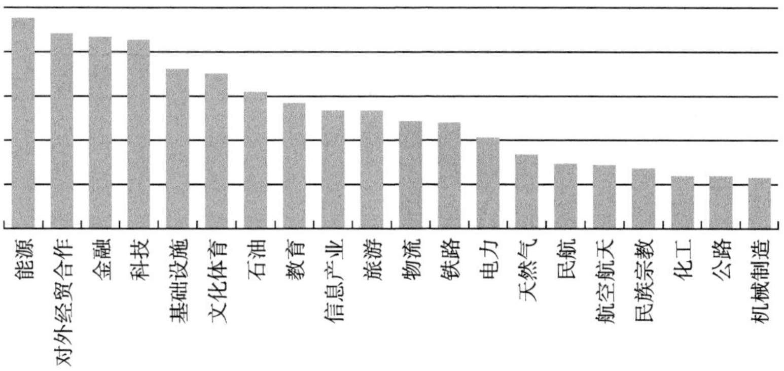

图 2-50　“一带一路”沿线各国家参与领域——巴林

数据分析显示，巴林在响应“一带一路”倡议的过程中，参与较多的交流、合作或发展领域为能源、对外经贸合作和金融，其他主要参与的领域还有科技、基础设施、文化体育、石油、教育等（见图 2-50）。

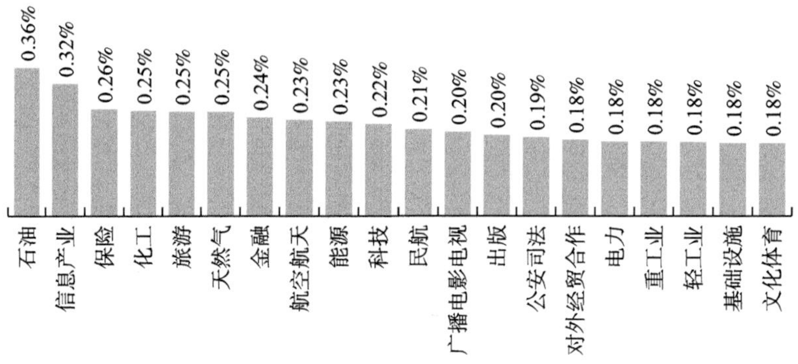

图 2-51　“一带一路”沿线各国家关注聚焦——巴林

从相对数量分析来看，巴林的石油领域相关信息数量占比最高，这说明相对于其他领域，巴林对石油领域投入了更多的关注，之后为信息产业和保险领域，化工、旅游、天然气、金融、航空航天等也是巴林关注相对较多的领域（见图 2-51）。

（五）卡塔尔

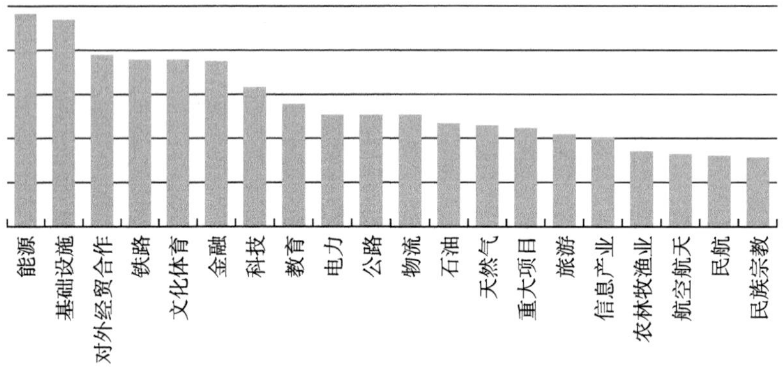

图 2-52　“一带一路”沿线各国家参与领域——卡塔尔

数据分析显示，卡塔尔在响应“一带一路”倡议的过程中，参与较多的交流、合作或发展领域为能源、基础设施和对外经贸合作等，其他主要参与的领域还有铁路、文化体育、金融、科技等（见图 2-52）。

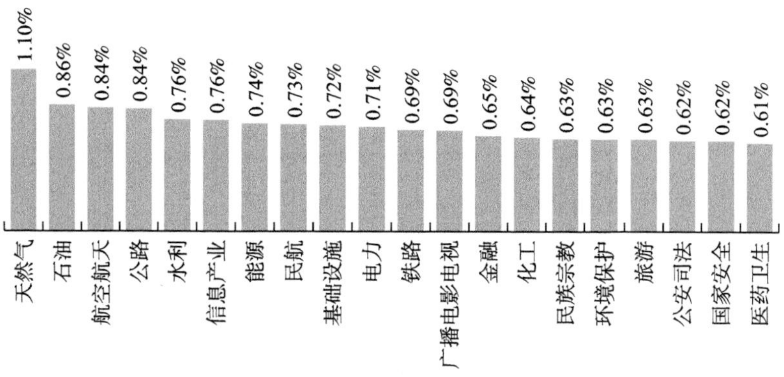

图 2-53　“一带一路”沿线各国家关注聚焦——卡塔尔

从相对数量分析来看，卡塔尔的天然气领域相关信息数量占比最高，这说明相对于其他领域，卡塔尔对天然气领域投入了更多的关注，之后为石油和航空航天领域，公路、水利、信息产业、能源、民航等也是卡塔尔关注相对较多的领域（见图 2-53）。

（六）科威特

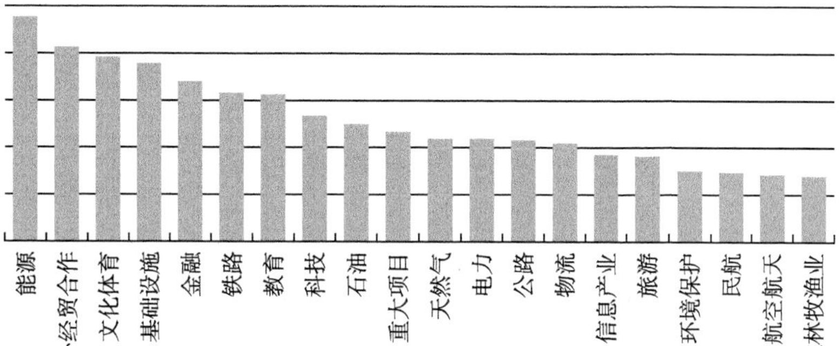

图 2-54　“一带一路”沿线各国家参与领域——科威特

数据分析显示，科威特在响应“一带一路”倡议的过程中，参与较多的交流、合作或发展领域为能源、对外经贸合作和文化体育，其他主要参与的领域还有基础设施、金融、铁路、教育、科技等（见图 2-54）。

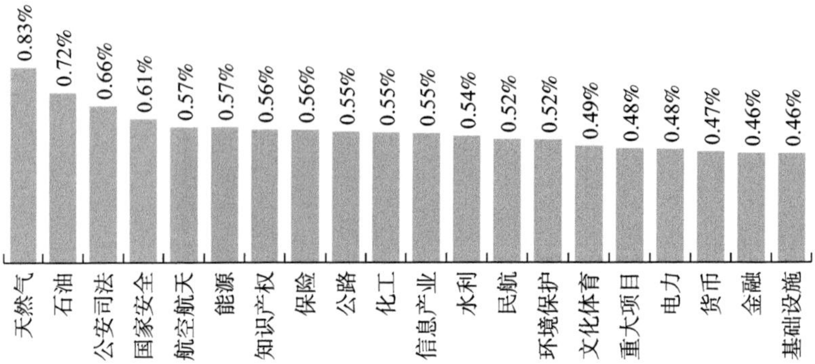

图 2-55 “一带一路”沿线各国家关注聚焦——科威特

从相对数量分析来看，科威特的天然气领域相关信息数量占比最高，这说明相对于其他领域，科威特对天然气领域投入了更多的关注，之后为石油、公安司法和国家安全领域，航空航天、能源、知识产权、保险、公路等也是科威特关注相对较多的领域（见图 2-55）。

（七）黎巴嫩

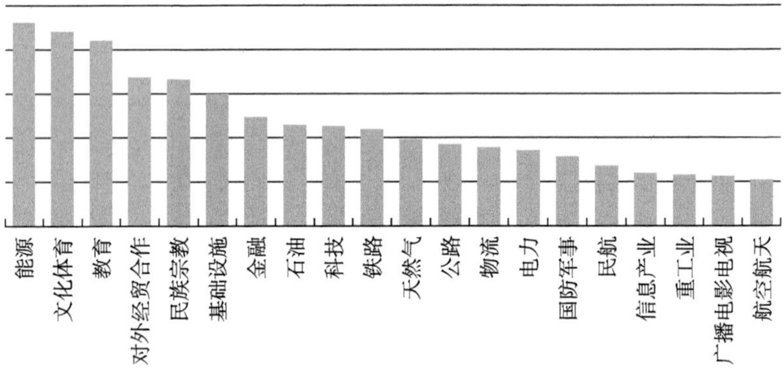

图 2-56 “一带一路”沿线各国家参与领域——黎巴嫩

数据分析显示，黎巴嫩在响应“一带一路”倡议的过程中，参与较多的交流、合作或发展领域为能源、文化体育和教育，其他主要参与的领域还有对外经贸合作、民族宗教、基础设施、金融等（见图 2-56）。

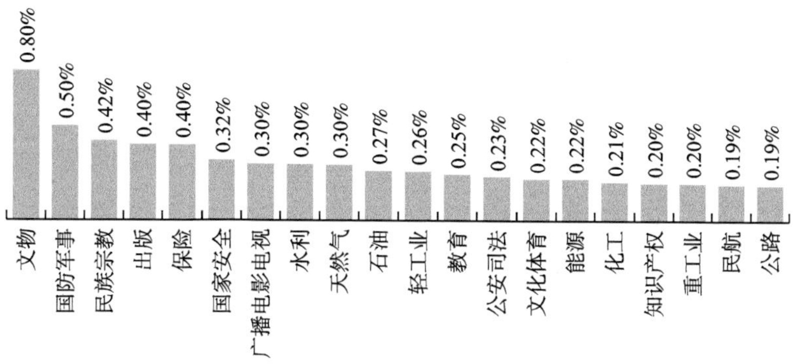

图 2-57　“一带一路”沿线各国家关注聚焦——黎巴嫩

从相对数量分析来看，黎巴嫩的文物领域相关信息数量占比最高，这说明相对于其他领域，黎巴嫩对文物领域投入了更多的关注，之后为国防军事和民族宗教领域，出版、保险、国家安全、广播电影电视、水利等也是黎巴嫩关注相对较多的领域（见图 2-57）。

（八）塞浦路斯

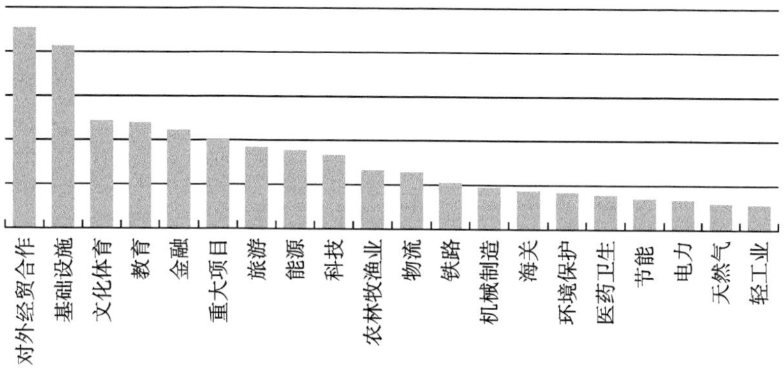

图 2-58　“一带一路”沿线各国家参与领域——塞浦路斯

数据分析显示，塞浦路斯在响应“一带一路”倡议的过程中，参与较多的交流、合作或发展领域为对外经贸合作、基础设施和文化体育等，其他主要参与的领域还有教育、金融、重大项目等（见图 2-58）。

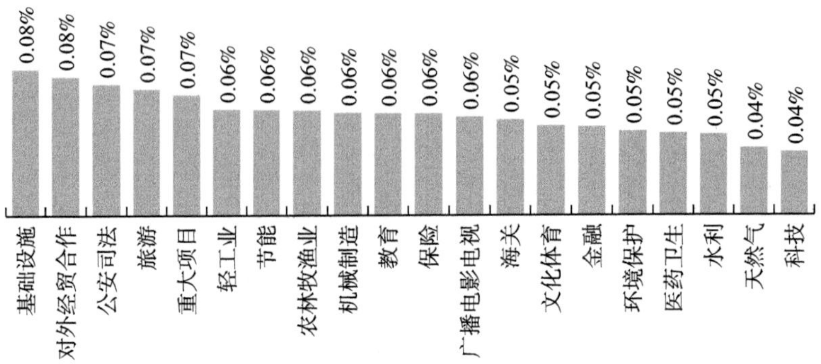

图 2-59　“一带一路”沿线各国家关注聚焦——塞浦路斯

从相对数量分析来看，塞浦路斯的基础设施领域相关信息数量占比最高，这说明相对于其他领域，塞浦路斯对基础设施领域投入了更多的关注，之后为对外经贸合作和公安司法领域，旅游、重大项目、轻工业、节能等也是塞浦路斯关注相对较多的领域（见图 2-59）。

（九）沙特阿拉伯

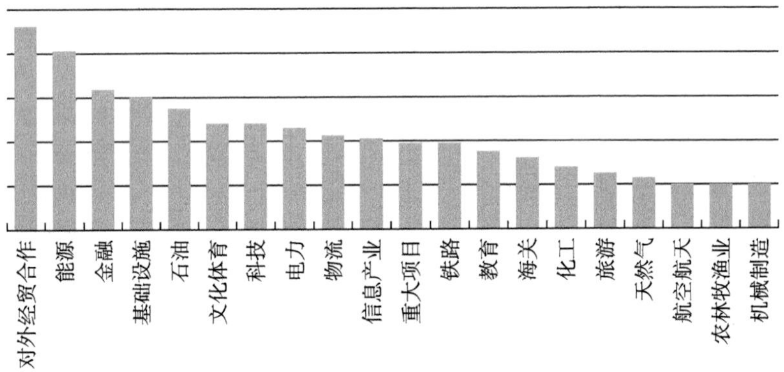

图 2-60　“一带一路”沿线各国家参与领域——沙特阿拉伯

数据分析显示，沙特阿拉伯在响应“一带一路”倡议的过程中，参与较多的交流、合作或发展领域为对外经贸合作、能源和金融等，其他主要参与的领域还有基础设施、石油、文化体育、科技等（见图 2-60）。

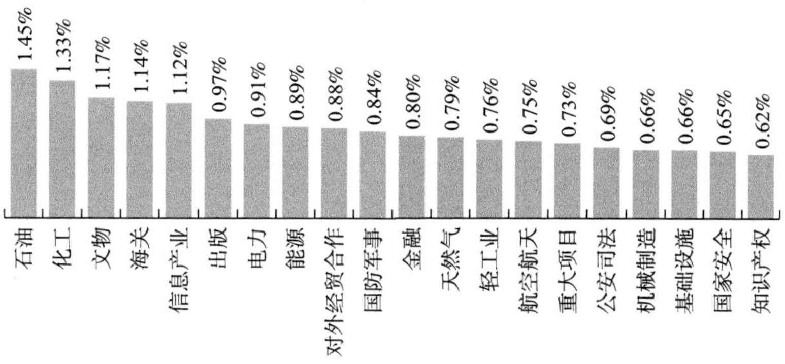

图 2-61　“一带一路”沿线各国家关注聚焦——沙特阿拉伯

从相对数量分析来看，沙特阿拉伯的石油领域相关信息数量占比最高，这说明相对于其他领域，沙特阿拉伯对石油领域投入了更多的关注，之后为化工和文物领域，海关、信息产业、出版、电力、能源等也是沙特阿拉伯关注相对较多的领域（见图 2-61）。

（十）土耳其

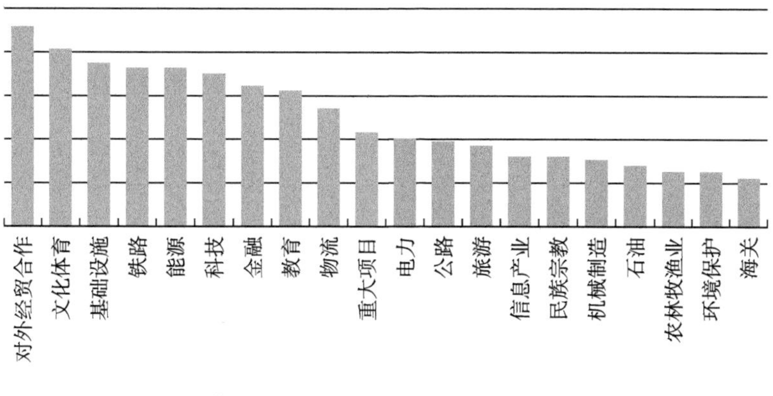

图 2-62　“一带一路”沿线各国家参与领域——土耳其

数据分析显示，土耳其在响应“一带一路”倡议的过程中，参与较多的交流、合作或发展领域为对外经贸合作、文化体育和基础设施等，其他主要参与的领域还有铁路、能源、科技、金融等（见图 2-62）。

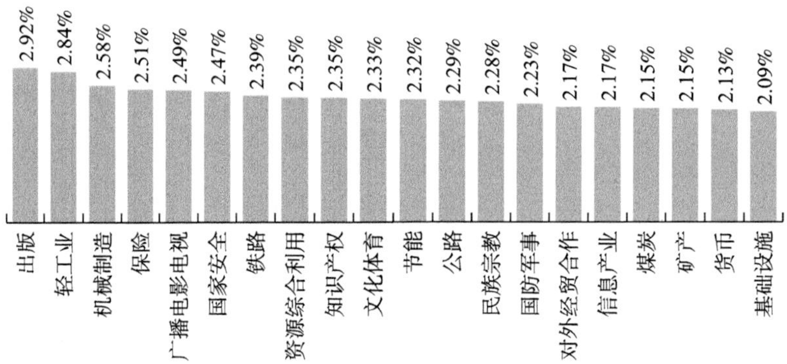

图 2-63　“一带一路”沿线各国家关注聚焦——土耳其

从相对数量分析来看，土耳其的出版领域相关信息数量占比最高，这说明相对于其他领域，土耳其对出版领域投入了更多的关注，之后为轻工业和机械制造领域，保险、广播电影电视、国家安全、铁路、资源综合利用、知识产权等也是土耳其关注相对较多的领域（见图 2-63）。

（十一）叙利亚

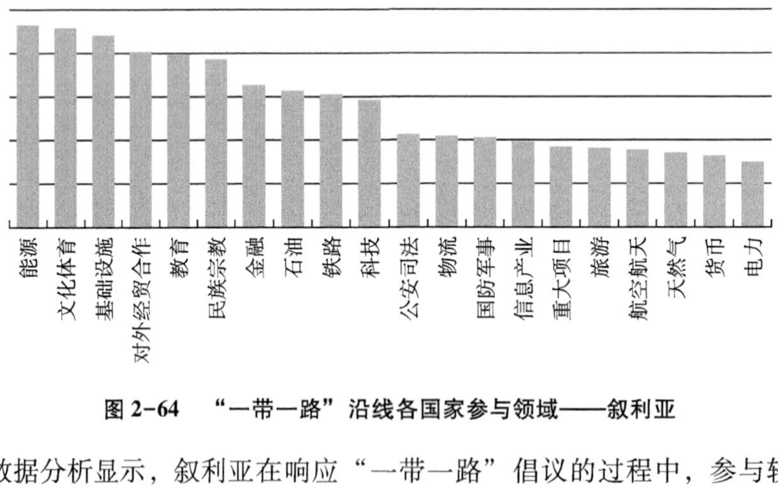

图 2-64　“一带一路”沿线各国家参与领域——叙利亚

数据分析显示，叙利亚在响应“一带一路”倡议的过程中，参与较多的交流、合作或发展领域为能源、文化体育和基础设施等，其他主要参与的领域还有对外经贸合作、教育、民族宗教、金融等（见图 2-64）。

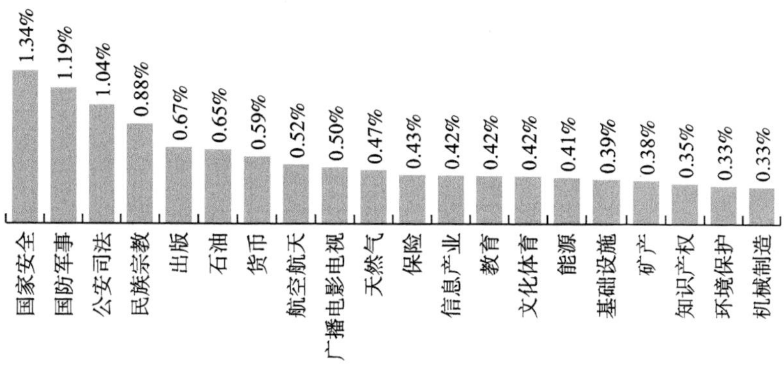

图 2-65　“一带一路”沿线各国家关注聚焦——叙利亚

从相对数量分析来看，叙利亚的国家安全领域相关信息数量占比最高，这说明相对于其他领域，叙利亚对国家安全领域投入了更多的关注，之后为国防军事和公安司法领域，民族宗教、出版、石油、货币等也是叙利亚关注相对较多的领域（见图 2-65）。

（十二）也门

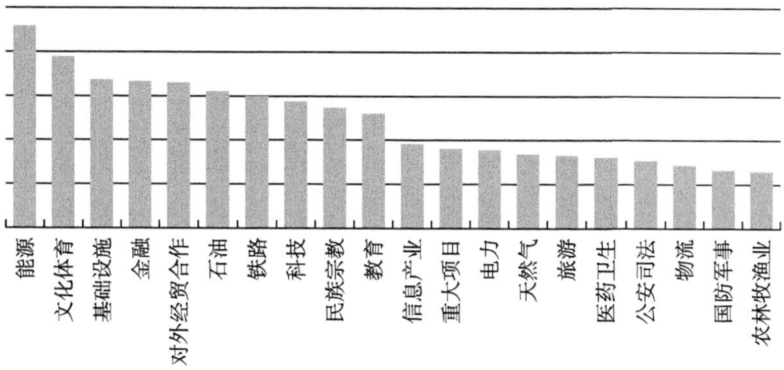

图 2-66　“一带一路”沿线各国家参与领域——也门

数据分析显示，也门在响应“一带一路”倡议的过程中，参与较多的交流、合作或发展领域为能源、文化体育和基础设施等，其他主要参与的领域还有金融、对外经贸合作、石油、铁路、科技等（见图 2-66）。

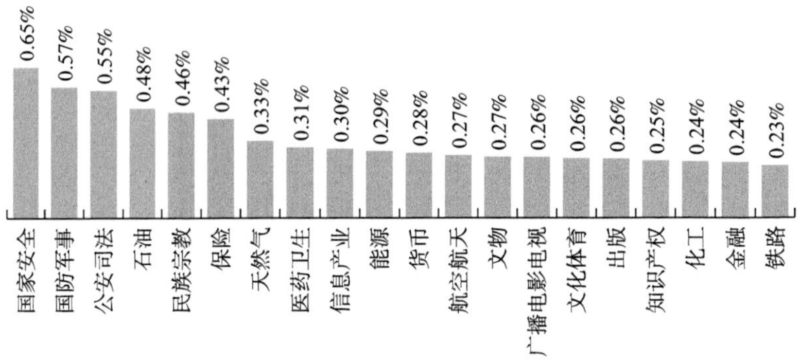

图 2-67 “一带一路”沿线各国家关注聚焦——也门

从相对数量分析来看，也门的国家安全领域相关信息数量占比最高，这说明相对于其他领域，也门对国家安全领域投入了更多的关注，之后为国防军事和公安司法领域，石油、民族宗教、保险、天然气等也是也门关注相对较多的领域（见图 2-67）。

（十三）伊拉克

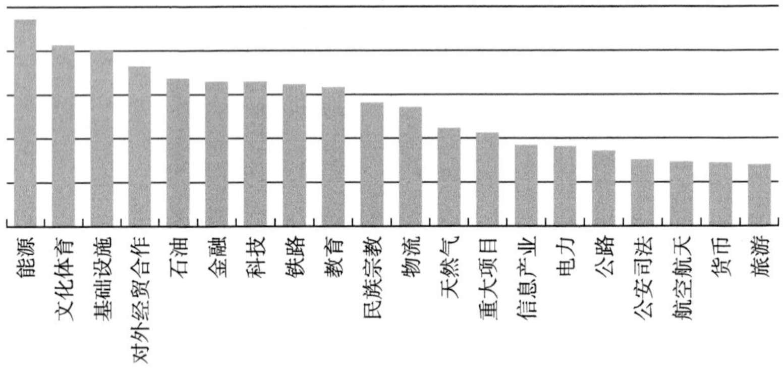

图 2-68 “一带一路”沿线各国家参与领域——伊拉克

数据分析显示，伊拉克在响应“一带一路”倡议的过程中，参与较多的交流、合作或发展领域为能源、文化体育和基础设施等，其他主要参与的领域还有对外经贸合作、石油、金融、科技等（见图 2-68）。

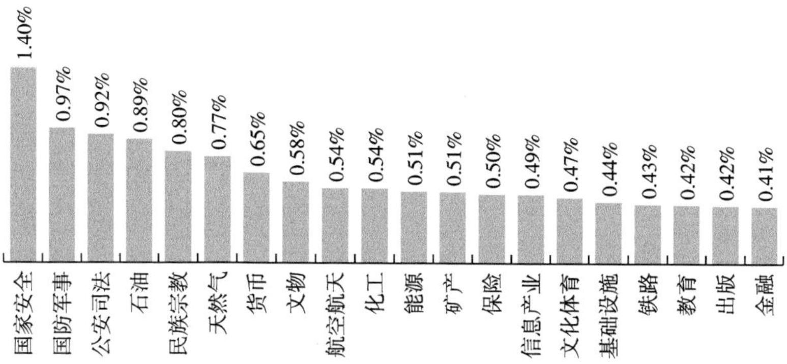

图 2-69　“一带一路”沿线各国家关注聚焦——伊拉克

从相对数量分析来看，伊拉克的国家安全领域相关信息数量占比最高，这说明相对于其他领域，伊拉克对国家安全领域投入了更多的关注，之后为国防军事和公安司法领域，石油、民族宗教、天然气、货币等也是伊拉克关注相对较多的领域（见图 2-69）。

（十四）伊朗

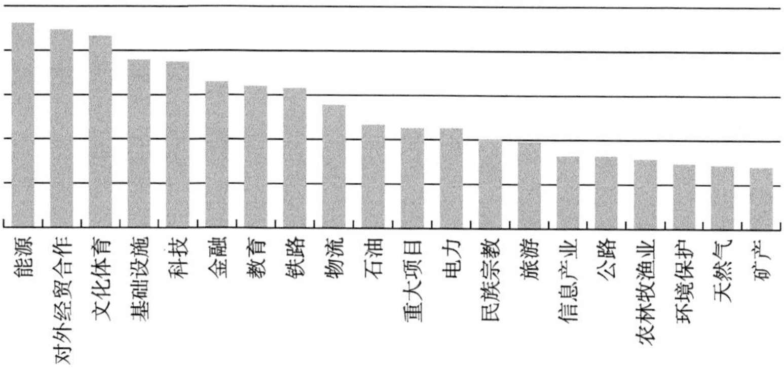

图 2-70　“一带一路”沿线各国家参与领域——伊朗

数据分析显示，伊朗在响应“一带一路”倡议的过程中，参与较多的交流、合作或发展领域为能源、对外经贸合作和文化体育等，其他主要参与的领域还有基础设施、科技、金融、教育、铁路等（见图 2-70）。

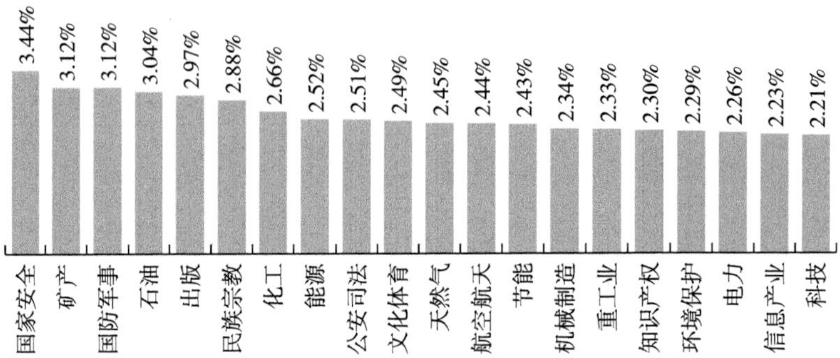

图 2-71　“一带一路”沿线各国家关注聚焦——伊朗

从相对数量分析来看，伊朗的国家安全领域相关信息数量占比最高，这说明相对于其他领域，伊朗对国家安全领域投入了更多的关注，之后为矿产和国防军事领域，石油、出版、民族宗教、化工、能源、公安司法等也是伊朗关注相对较多的领域（见图 2-71）。

（十五）以色列

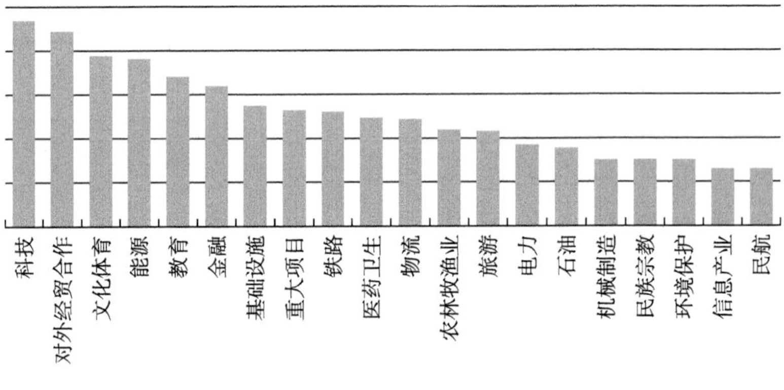

图 2-72　“一带一路”沿线各国家参与领域——以色列

数据分析显示，以色列在响应“一带一路”倡议的过程中，参与较多的交流、合作或发展领域为科技、对外经贸合作和文化体育，其他主要参与的领域还有能源、教育、金融、基础设施、重大项目等（见图 2-72）。

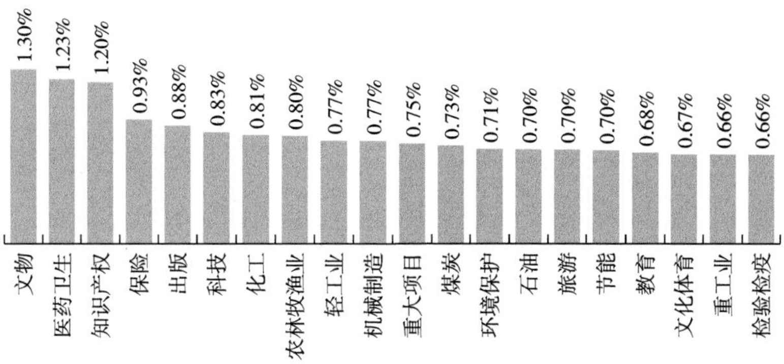

图 2-73　“一带一路”沿线各国家关注聚焦——以色列

从相对数量分析来看，以色列的文物领域相关信息数量占比最高，这说明相对于其他领域，以色列对文物领域投入了更多的关注，之后为医药卫生和知识产权领域，保险、出版、科技、化工、农林牧渔业等也是以色列关注相对较多的领域（见图 2-73）。

（十六）约旦

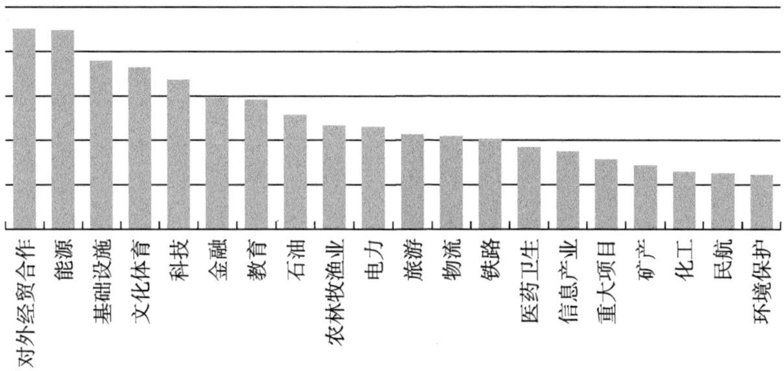

图 2-74　“一带一路”沿线各国家参与领域——约旦

数据分析显示，约旦在响应“一带一路”倡议的过程中，参与较多的交流、合作或发展领域为对外经贸合作、能源和基础设施等，其他主要参与的领域还有文化体育、科技、金融、教育、石油等（见图 2-74）。

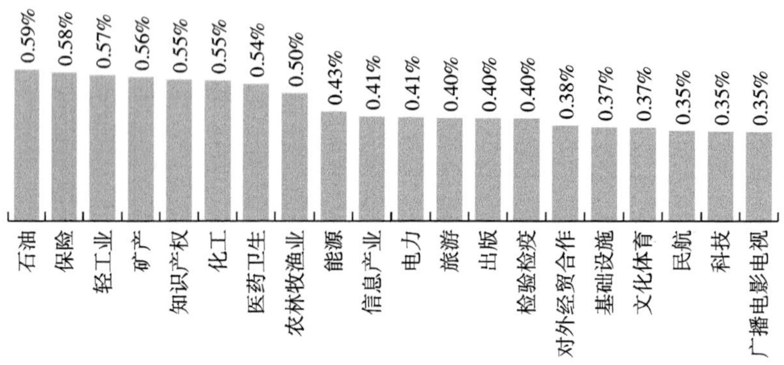

图 2-75 “一带一路”沿线各国家关注聚焦——约旦

从相对数量分析来看，约旦的石油领域相关信息数量占比最高，这说明相对于其他领域，约旦对石油领域投入了更多的关注，之后为保险和轻工业领域，矿产、知识产权、化工、医药卫生、农林牧渔业和能源等也是约旦关注相对较多的领域（见图 2-75）。

（十七）埃及

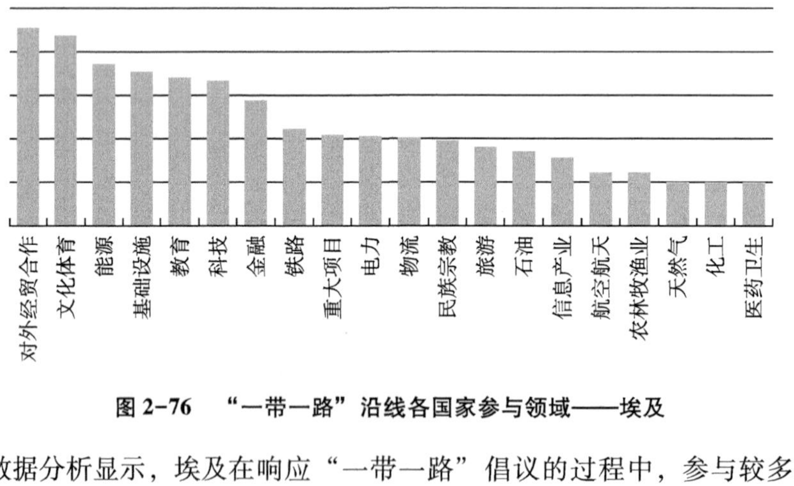

图 2-76 “一带一路”沿线各国家参与领域——埃及

数据分析显示，埃及在响应“一带一路”倡议的过程中，参与较多的交流、合作或发展领域为对外经贸合作、文化体育和能源等，其他主要参与的领域还有基础设施、教育、科技、金融、铁路等（见图 2-76）。

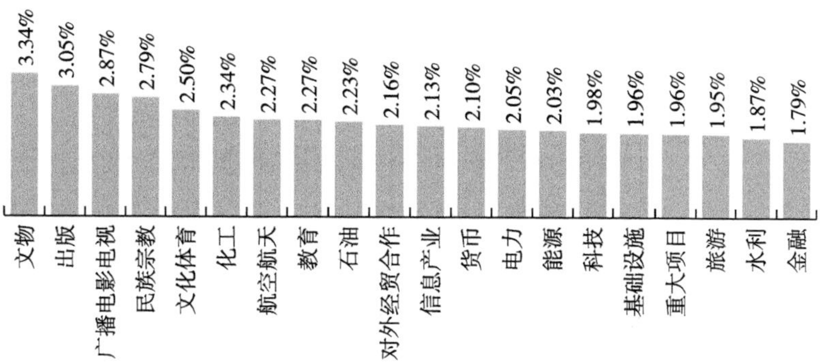

图 2-77　“一带一路”沿线各国家关注聚焦——埃及

从相对数量分析来看，埃及的文物领域相关信息数量占比最高，这说明相对于其他领域，埃及对文物领域投入了更多的关注，之后为出版和广播电影电视领域，民族宗教、文化体育、化工、航空航天、教育等也是埃及关注相对较多的领域（见图 2-77）。

三、中亚

（一）哈萨克斯坦

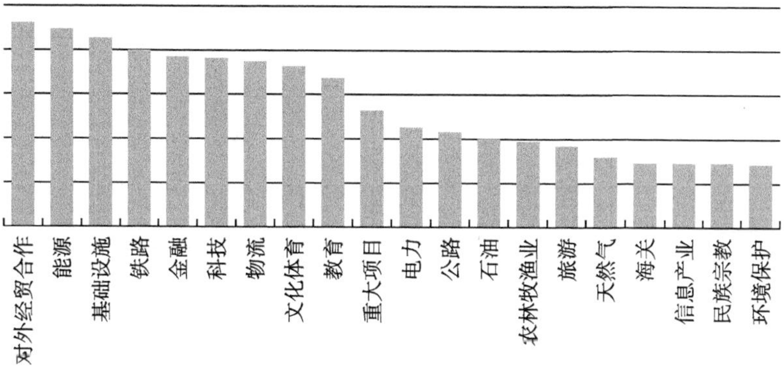

图 2-78　“一带一路”沿线各国家参与领域——哈萨克斯坦

数据分析显示，哈萨克斯坦在响应“一带一路”倡议的过程中，参与较多的交流、合作或发展领域为对外经贸合作、能源和基础设施等，其他主要参与的领域还有铁路、金融、科技、物流等（见图 2-78）。

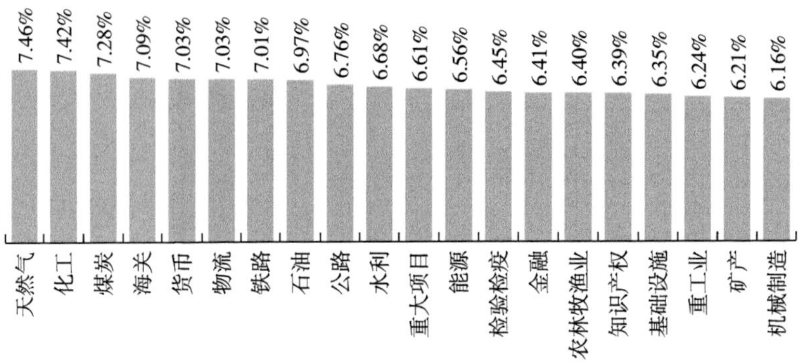

图 2-79　“一带一路”沿线各国家关注聚焦——哈萨克斯坦

从相对数量分析来看，哈萨克斯坦的天然气领域相关信息数量占比最高，这说明相对于其他领域，哈萨克斯坦对天然气领域投入了更多的关注，之后为化工、煤炭、海关、货币、物流、铁路等领域（见图 2-79）。

（二）吉尔吉斯斯坦

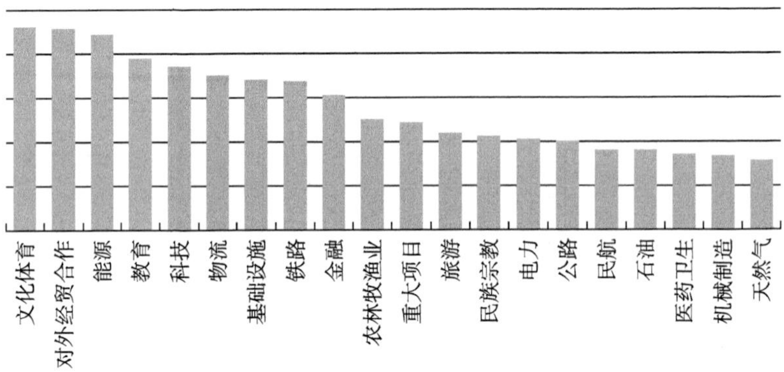

图 2-80　“一带一路”沿线各国家参与领域——吉尔吉斯斯坦

数据分析显示，吉尔吉斯斯坦在响应“一带一路”倡议的过程中，参与较多的交流、合作或发展领域为文化体育、对外经贸合作和能源等，其他主要参与的领域还有教育、科技、物流、基础设施等（见图 2-80）。

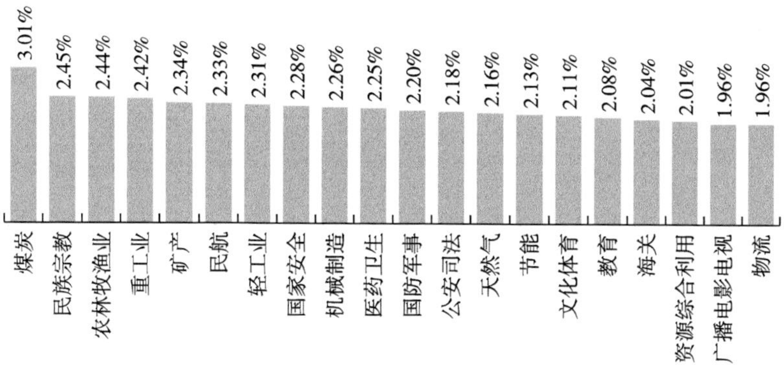

图 2-81 “一带一路”沿线各国家关注聚焦——吉尔吉斯斯坦

从相对数量分析来看，吉尔吉斯斯坦的煤炭领域相关信息数量占比最高，这说明相对于其他领域，吉尔吉斯斯坦对煤炭领域投入了更多的关注，之后为民族宗教和农林牧渔业领域，重工业、矿产、民航、轻工业、国家安全等也是吉尔吉斯斯坦关注相对较多的领域（见图 2-81）。

（三）塔吉克斯坦

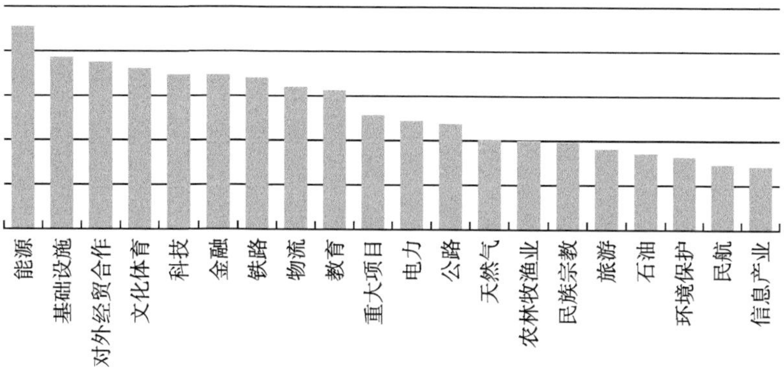

图 2-82 “一带一路”沿线各国家参与领域——塔吉克斯坦

数据分析显示，塔吉克斯坦在响应“一带一路”倡议的过程中，参与较多的交流、合作或发展领域为能源、基础设施和对外经贸合作等，其他主要参与的领域还有文化体育、科技、金融等（见图 2-82）。

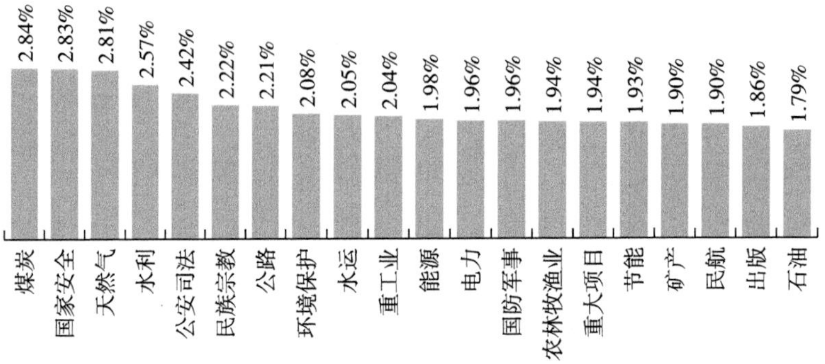

图 2-83　“一带一路”沿线各国家关注聚焦——塔吉克斯坦

从相对数量分析来看，塔吉克斯坦的煤炭领域相关信息数量占比最高，这说明相对于其他领域，塔吉克斯坦对煤炭领域投入了更多的关注，之后为国家安全和天然气领域，水利、公安司法、民族宗教、公路、环境保护、水运等也是塔吉克斯坦关注相对较多的领域（见图 2-83）。

（四）土库曼斯坦

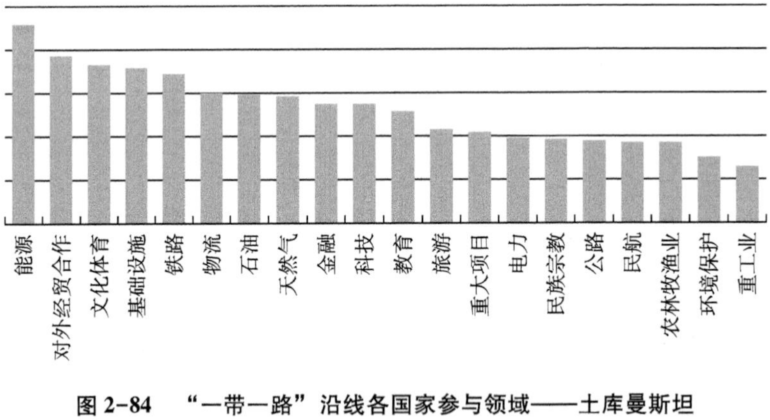

图 2-84　“一带一路”沿线各国家参与领域——土库曼斯坦

数据分析显示，土库曼斯坦在响应“一带一路”倡议的过程中，参与较多的交流、合作或发展领域为能源、对外经贸合作和文化体育等，其他主要参与的领域还有基础设施、铁路、物流、石油等（见图 2-84）。

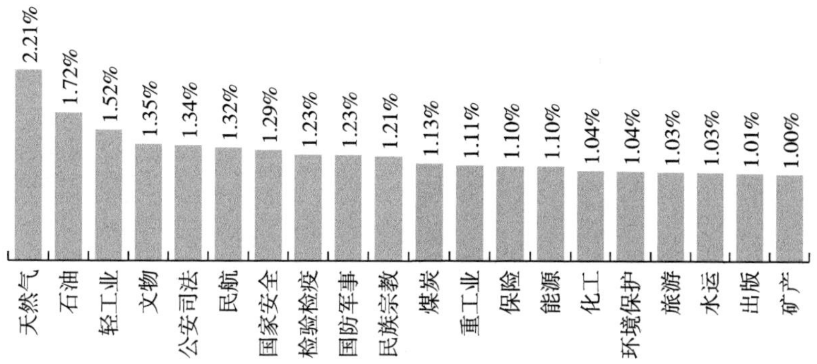

图 2-85　“一带一路”沿线各国家关注聚焦——土库曼斯坦

从相对数量分析来看，土库曼斯坦的天然气领域相关信息数量占比最高，这说明相对于其他领域，土库曼斯坦对天然气领域投入了更多的关注，之后为石油和轻工业领域，文物、公安司法、民航、国家安全、检验检疫等也是土库曼斯坦关注相对较多的领域（见图 2-85）。

（五）乌兹别克斯坦

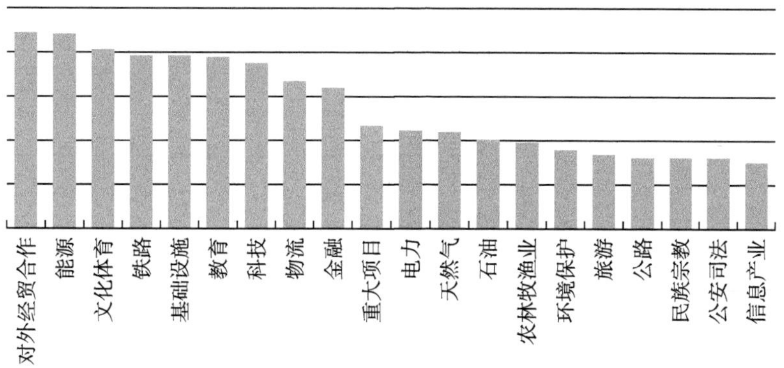

图 2-86　“一带一路”沿线各国家参与领域——乌兹别克斯坦

数据分析显示，乌兹别克斯坦在响应“一带一路”倡议的过程中，参与较多的交流、合作或发展领域为对外经贸合作、能源和文化体育等，其他主要参与的领域还有铁路、基础设施、教育等（见图 2-86）。

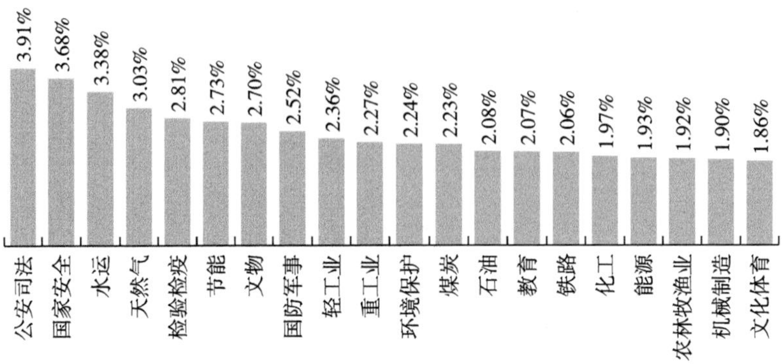

图 2-87　“一带一路”沿线各国家关注聚焦——乌兹别克斯坦

从相对数量分析来看，乌兹别克斯坦的公安司法领域相关信息数量占比最高，这说明相对于其他领域，乌兹别克斯坦对公安司法领域投入了更多的关注，之后为国家安全和水运领域，天然气、检验检疫、节能、文物、国防军事、轻工业等也是乌兹别克斯坦关注相对较多的领域（见图 2-87）。

四、独联体

（一）阿塞拜疆

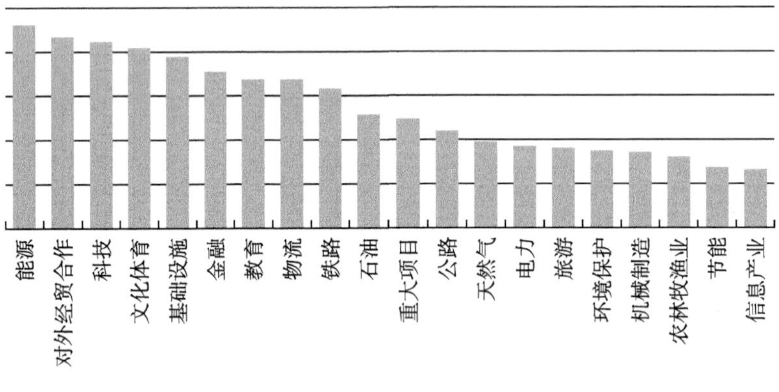

图 2-88　“一带一路”沿线各国家参与领域——阿塞拜疆

数据分析显示，阿塞拜疆在响应“一带一路”倡议的过程中，参与较多的交流、合作或发展领域为能源、对外经贸合作和科技等，其他主要参与的领域还有文化体育、基础设施、金融、教育等（见图 2-88）。

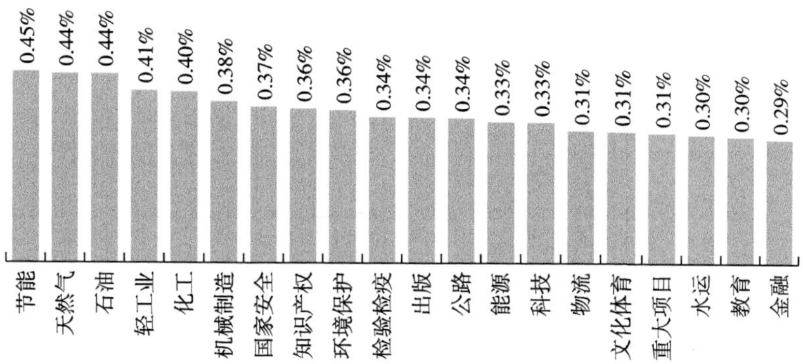

图 2-89　“一带一路”沿线各国家关注聚焦——阿塞拜疆

从相对数量分析来看，阿塞拜疆的节能领域相关信息数量占比最高，这说明相对于其他领域，阿塞拜疆对节能领域投入了更多的关注，之后为天然气、石油、轻工业、化工、机械制造等领域（见图 2-89）。

（二）白俄罗斯

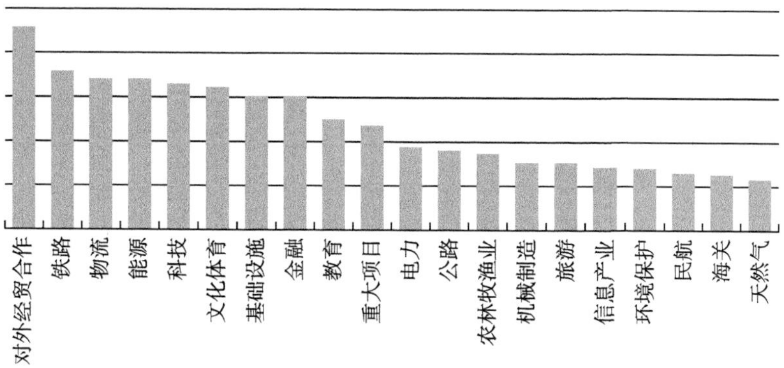

图 2-90　“一带一路”沿线各国家参与领域——白俄罗斯

数据分析显示，白俄罗斯在响应“一带一路”倡议的过程中，参与较多的交流、合作或发展领域为对外经贸合作、铁路、物流等，其他主要参与的领域还有能源、科技、文化体育、基础设施等（见图 2-90）。

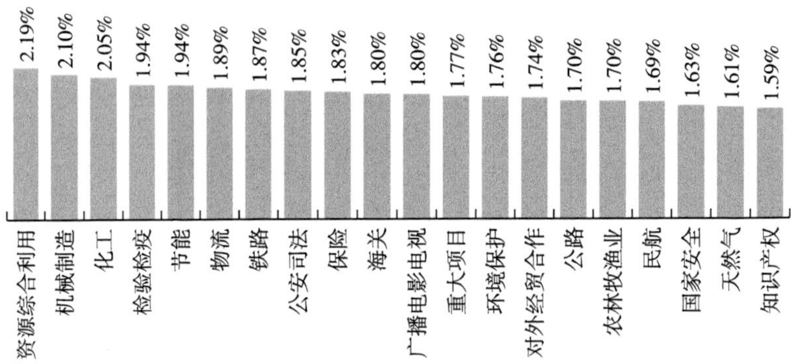

图 2-91 “一带一路”沿线各国家关注聚焦——白俄罗斯

从相对数量分析来看，白俄罗斯的资源综合利用领域相关信息数量占比最高，这说明相对于其他领域，白俄罗斯对资源综合利用领域投入了更多的关注，之后为机械制造和化工领域，检验检疫、节能、物流、铁路、公安司法等也是白俄罗斯关注相对较多的领域（见图 2-91）。

（三）俄罗斯

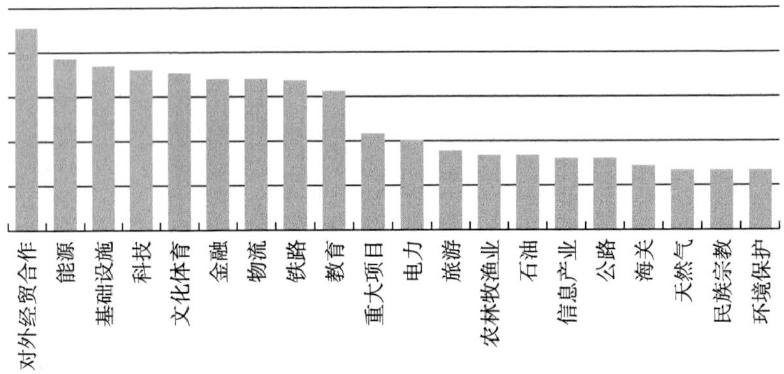

图 2-92 “一带一路”沿线各国家参与领域——俄罗斯

数据分析显示，俄罗斯在响应“一带一路”倡议的过程中，参与较多的交流、合作或发展领域为对外经贸合作、能源和基础设施等，其他主要参与的领域还有科技、文化体育、金融、物流等（见图 2-92）。

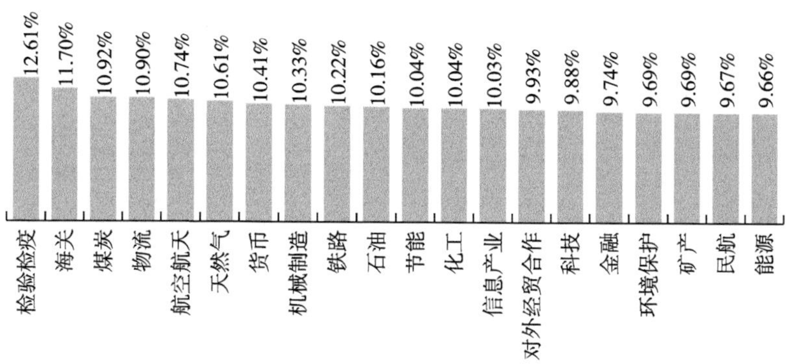

图 2-93　“一带一路”沿线各国家关注聚焦——俄罗斯

从相对数量分析来看，俄罗斯的检验检疫领域相关信息数量占比最高，这说明相对于其他领域，俄罗斯对检验检疫领域投入了更多的关注，之后为海关和煤炭领域，物流、航空航天、天然气、货币、机械制造、铁路等也是俄罗斯关注相对较多的领域（见图 2-93）。

（四）格鲁吉亚

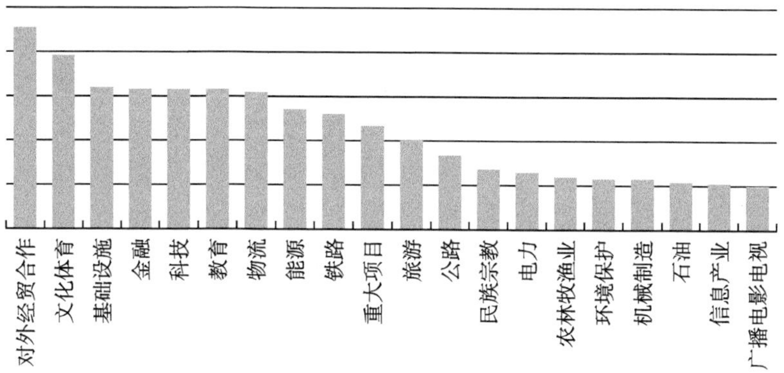

图 2-94　“一带一路”沿线各国家参与领域——格鲁吉亚

数据分析显示，格鲁吉亚在响应“一带一路”倡议的过程中，参与较多的交流、合作或发展领域为对外经贸合作、文化体育和基础设施等，其他主要参与的领域还有金融、科技、教育、物流等（见图 2-94）。

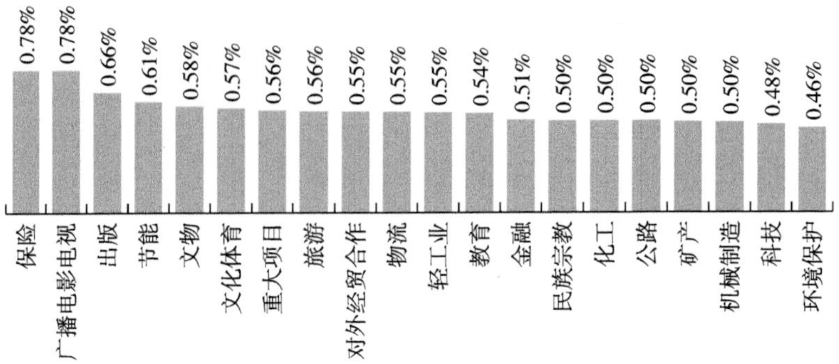

图 2-95　“一带一路”沿线各国家关注聚焦——格鲁吉亚

从相对数量分析来看，格鲁吉亚的保险领域相关信息数量占比最高，这说明相对于其他领域，格鲁吉亚对保险领域投入了更多的关注，之后为广播电影电视和出版领域，节能、文物、文化体育、重大项目、旅游等也是格鲁吉亚关注相对较多的领域（见图 2-95）。

（五）摩尔多瓦

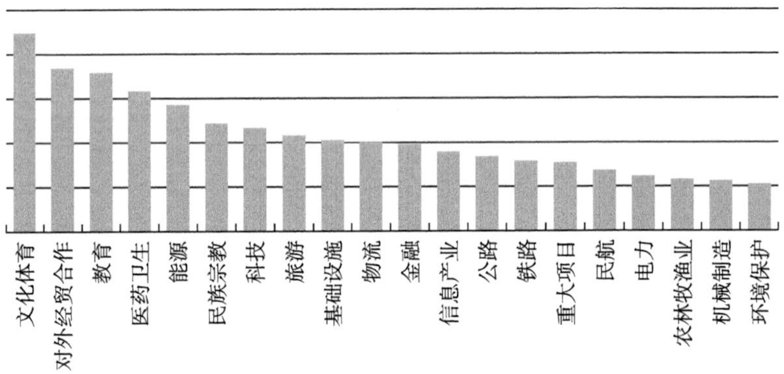

图 2-96　“一带一路”沿线各国家参与领域——摩尔多瓦

数据分析显示，摩尔多瓦在响应“一带一路”倡议的过程中，参与较多的交流、合作或发展领域为文化体育、对外经贸合作和教育等，其他主要参与的领域还有医药卫生、能源、民族宗教、科技、旅游等（见图 2-96）。

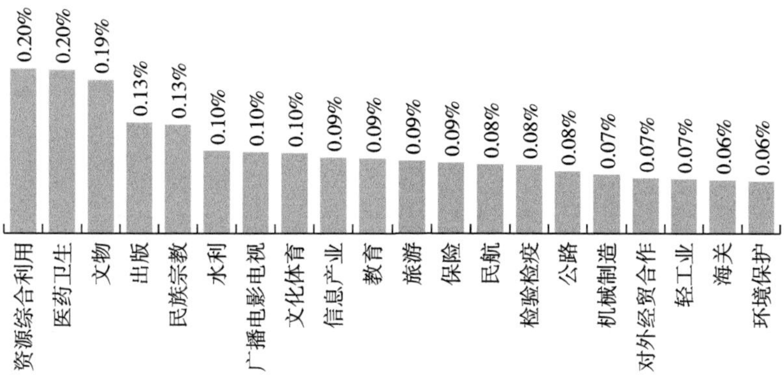

图 2-97 “一带一路”沿线各国家关注聚焦——摩尔多瓦

从相对数量分析来看，摩尔多瓦的资源综合利用领域相关信息数量占比最高，这说明相对于其他领域，摩尔多瓦对资源综合利用领域投入了更多的关注，之后为医药卫生和文物领域，出版、民族宗教、水利、广播电影电视等也是摩尔多瓦关注相对较多的领域（见图 2-97）。

（六）乌克兰

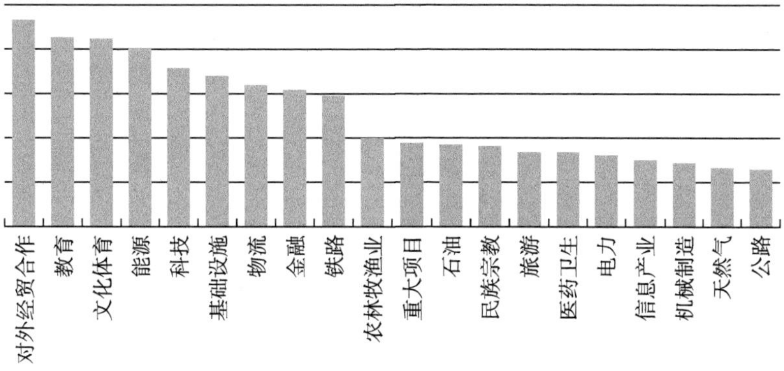

图 2-98 “一带一路”沿线各国家参与领域——乌克兰

数据分析显示，乌克兰在响应“一带一路”倡议的过程中，参与较多的交流、合作或发展领域为对外经贸合作、教育和文化体育等，其他主要参与领域还有能源、科技、基础设施、物流、金融等（见图 2-98）。

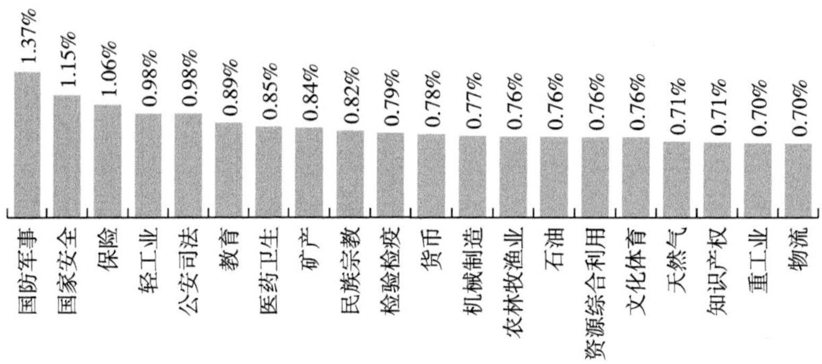

图 2-99　“一带一路”沿线各国家关注聚焦——乌克兰

从相对数量分析来看，乌克兰的国防军事领域相关信息数量占比最高，这说明相对于其他领域，乌克兰对国防军事领域投入了更多的关注，之后为国家安全和保险领域，轻工业、公安司法、教育、医药卫生、矿产等也是乌克兰关注相对较多的领域（见图 2-99）。

（七）亚美尼亚

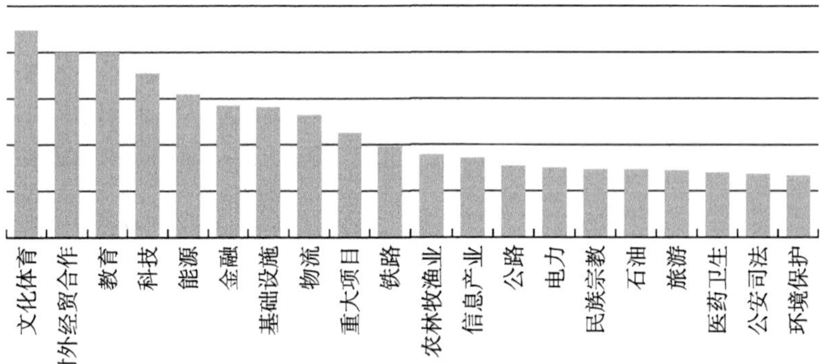

图 2-100　“一带一路”沿线各国家参与领域——亚美尼亚

数据分析显示，亚美尼亚在响应“一带一路”倡议的过程中，参与较多的交流、合作或发展领域为文化体育、对外经贸合作和教育等，其他主要参与的领域还有科技、能源、金融、基础设施等（见图 2-100）。

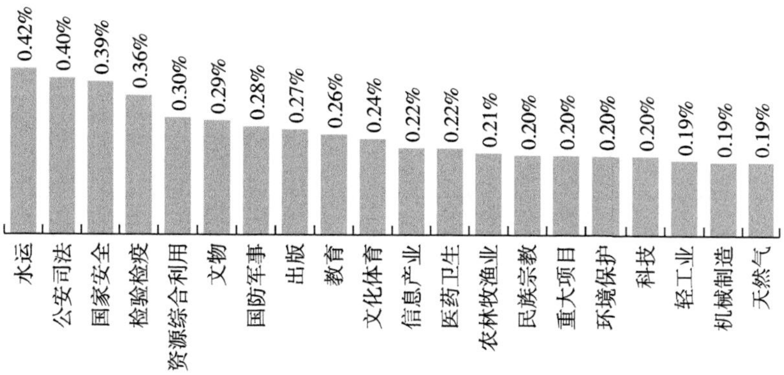

图 2-101　“一带一路”沿线各国家关注聚焦——亚美尼亚

从相对数量分析来看，亚美尼亚的水运领域相关信息数量占比最高，这说明相对于其他领域，亚美尼亚对水运领域投入了更多的关注，之后为公安司法、国家安全、检验检疫、资源综合利用等领域（见图 2-101）。

五、中东欧

（一）阿尔巴尼亚

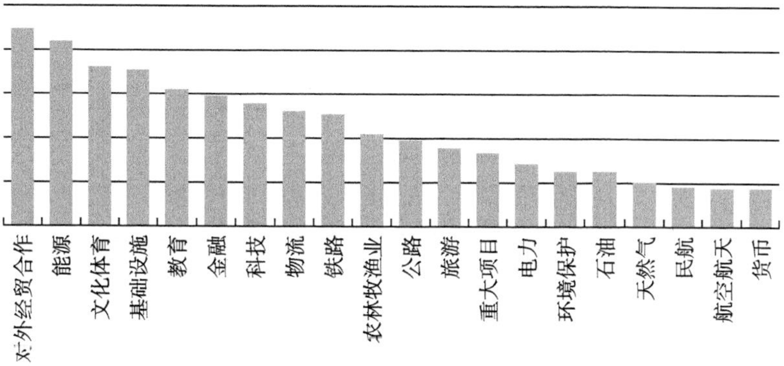

图 2-102　“一带一路”沿线各国家参与领域——阿尔巴尼亚

数据分析显示，阿尔巴尼亚在响应“一带一路”倡议的过程中，参与较多的交流、合作或发展领域为对外经贸合作、能源和文化体育，其他主要参与的领域还有基础设施、教育、金融、科技等（见图 2-102）。

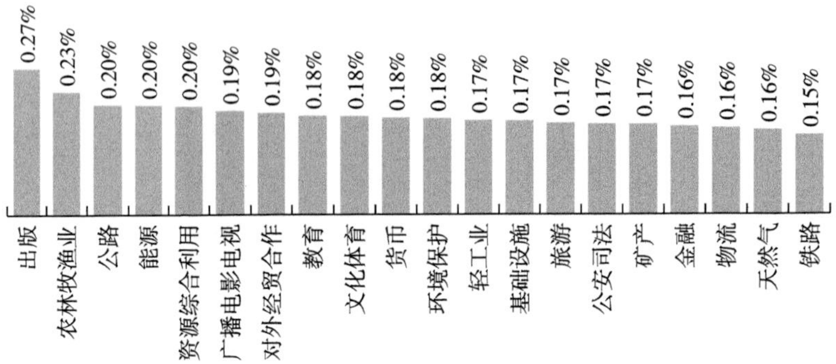

图 2-103　“一带一路”沿线各国家关注聚焦——阿尔巴尼亚

从相对数量分析来看，阿尔巴尼亚的出版领域相关信息数量占比最高，这说明相对于其他领域，阿尔巴尼亚对出版领域投入了更多的关注，之后为农林牧渔业、公路、能源、资源综合利用等领域（见图 2-103）。

（二）爱沙尼亚

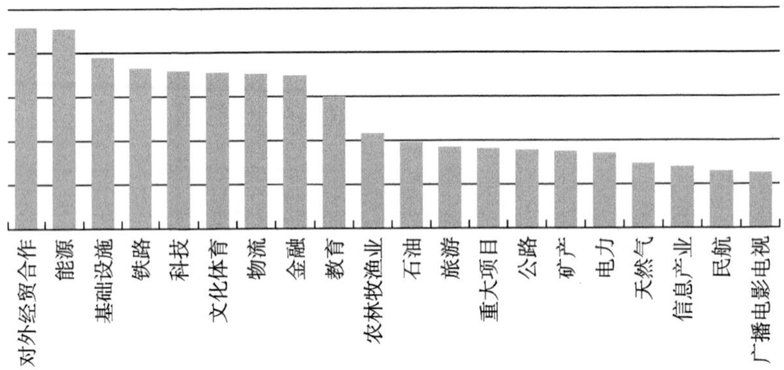

图 2-104　“一带一路”沿线各国家参与领域——爱沙尼亚

数据分析显示，爱沙尼亚在响应“一带一路”倡议的过程中，参与较多的交流、合作或发展领域为对外经贸合作、能源和基础设施等，其他主要参与的领域还有铁路、科技、文化体育等（见图 2-104）。

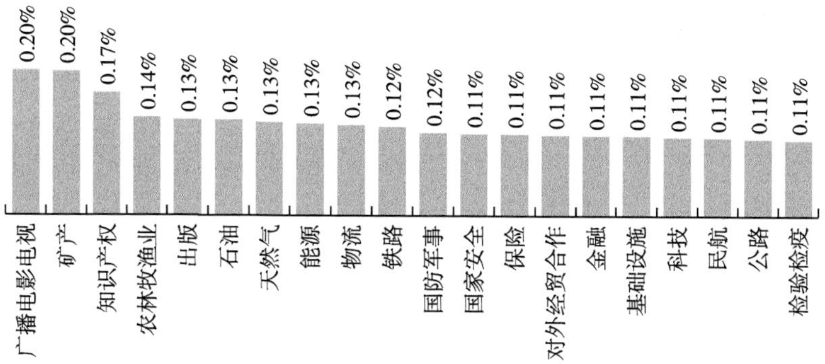

图 2-105　“一带一路”沿线各国家关注聚焦——爱沙尼亚

从相对数量分析来看，爱沙尼亚的广播电影电视领域相关信息数量占比最高，这说明相对于其他领域，爱沙尼亚对广播电影电视领域投入了更多的关注，之后为矿产和知识产权领域，农林牧渔业、出版、石油、天然气、能源等也是爱沙尼亚关注相对较多的领域（见图 2-105）。

（三）保加利亚

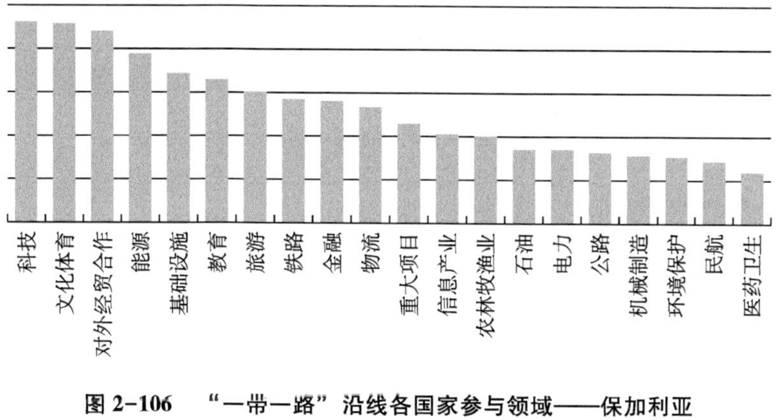

图 2-106　“一带一路”沿线各国家参与领域——保加利亚

数据分析显示，保加利亚在响应“一带一路”倡议的过程中，参与较多的交流、合作或发展领域为科技、文化体育和对外经贸合作等，其他主要参与的领域还有能源、基础设施、教育、旅游等（见图 2-106）。

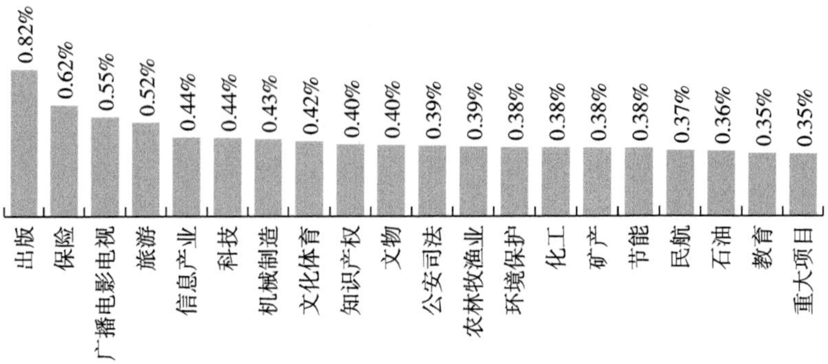

图 2-107 “一带一路”沿线各国家关注聚焦——保加利亚

从相对数量分析来看，保加利亚的出版领域相关信息数量占比最高，这说明相对于其他领域，保加利亚对出版领域投入了更多的关注，之后为保险和广播电影电视领域，旅游、信息产业、科技、机械制造、文化体育等也是保加利亚关注相对较多的领域（见图 2-107）。

（四）波黑

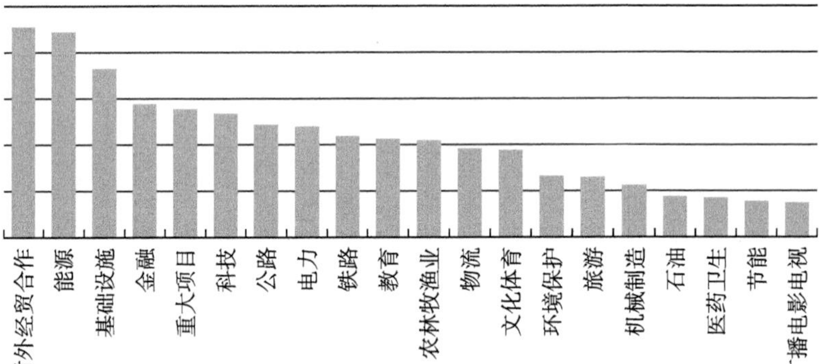

图 2-108 “一带一路”沿线各国家参与领域——波黑

数据分析显示，波黑在响应“一带一路”倡议的过程中，参与较多的交流、合作或发展领域为对外经贸合作、能源和基础设施等，其他主要参与的领域还有金融、重大项目、科技、公路等（见图 2-108）。

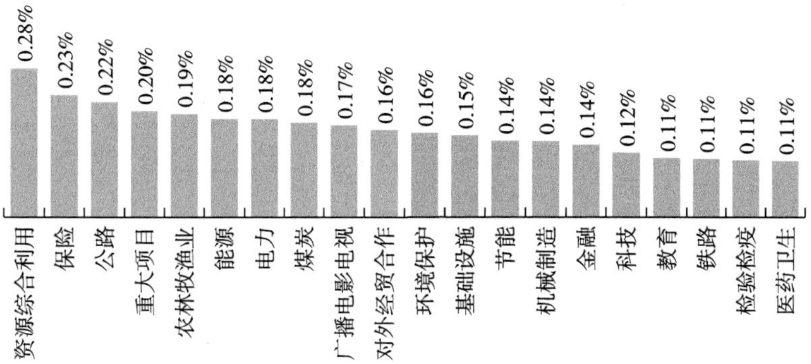

图 2-109　“一带一路”沿线各国家关注聚焦——波黑

从相对数量分析来看，波黑的资源综合利用领域相关信息数量占比最高，这说明相对于其他领域，波黑对资源综合利用领域投入了更多的关注，之后为保险和公路领域，重大项目、农林牧渔业、能源、电力、煤炭等也是波黑关注相对较多的领域（见图 2-109）。

（五）波兰

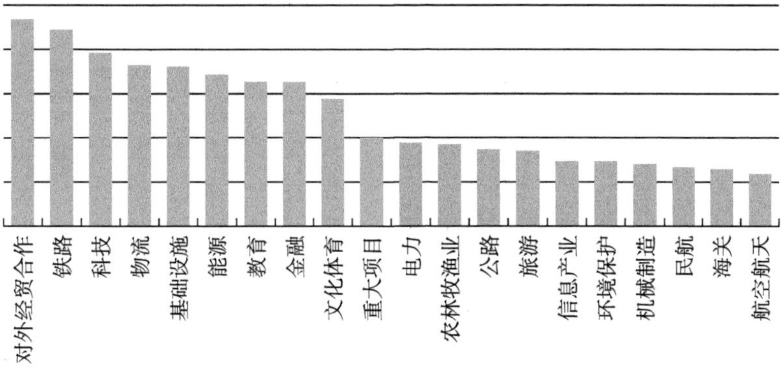

图 2-110　“一带一路”沿线各国家参与领域——波兰

数据分析显示，波兰在响应“一带一路”倡议的过程中，参与较多的交流、合作或发展领域为对外经贸合作、铁路和科技等，其他主要参与的领域还有物流、基础设施、能源、教育、金融等（见图 2-110）。

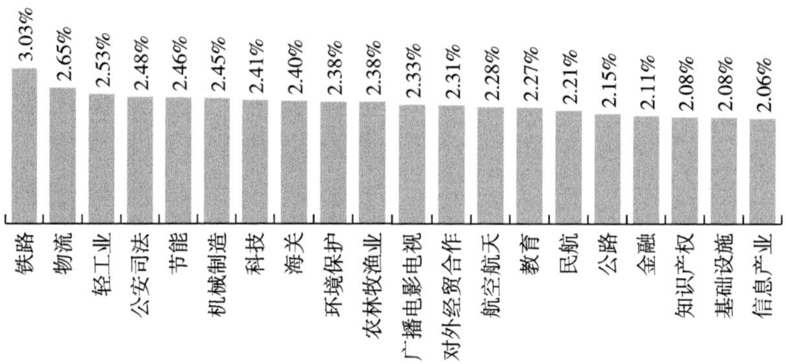

图 2-111　“一带一路”沿线各国家关注聚焦——波兰

从相对数量分析来看，波兰的铁路领域相关信息数量占比最高，这说明相对于其他领域，波兰对铁路领域投入了更多的关注，之后为物流和轻工业领域，公安司法、节能、机械制造、科技、海关、环境保护等也是波兰关注相对较多的领域（见图 2-111）。

（六）黑山

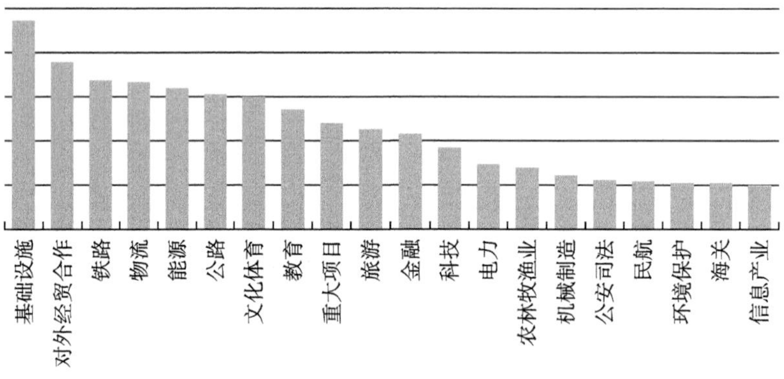

图 2-112　“一带一路”沿线各国家参与领域——黑山

数据分析显示，黑山在响应“一带一路”倡议的过程中，参与较多的交流、合作或发展领域为基础设施、对外经贸合作和铁路等，其他主要参与的领域还有物流、能源、公路、文化体育等（见图 2-112）。

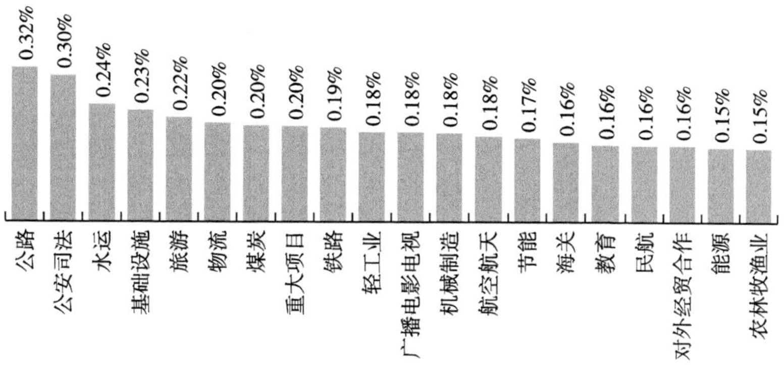

图 2-113　“一带一路”沿线各国家关注聚焦——黑山

从相对数量分析来看，黑山的公路领域相关信息数量占比最高，这说明相对于其他领域，黑山对公路领域投入了更多的关注，之后为公安司法和水运领域，基础设施、旅游、物流、煤炭、重大项目等也是黑山关注相对较多的领域（见图 2-113）。

（七）捷克

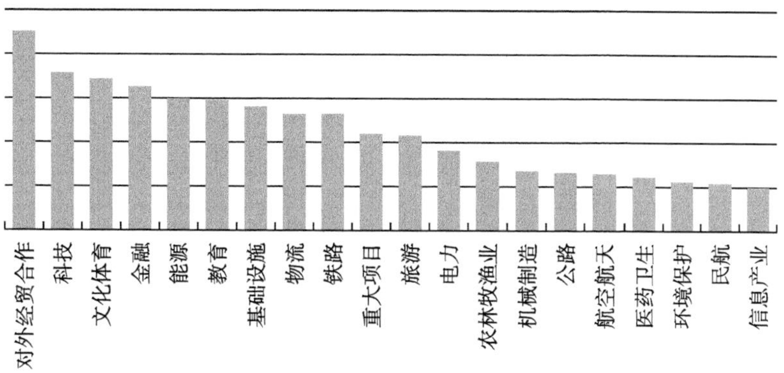

图 2-114　“一带一路”沿线各国家参与领域——捷克

数据分析显示，捷克在响应“一带一路”倡议的过程中，参与较多的交流、合作或发展领域为对外经贸合作、科技和文化体育等，其他主要参与的领域还有金融、能源、教育、基础设施、物流等（见图 2-114）。

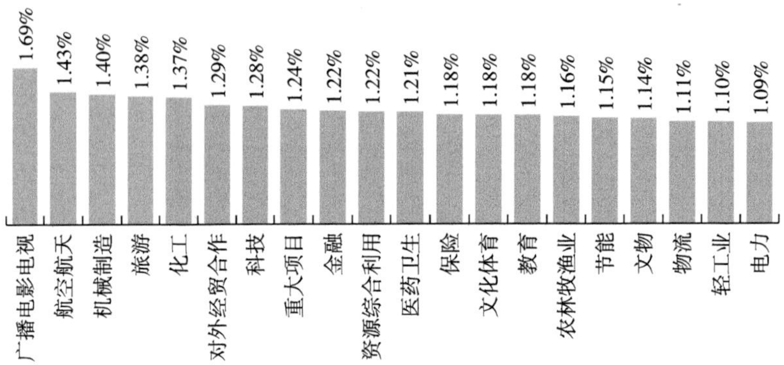

图 2-115 “一带一路”沿线各国家关注聚焦——捷克

从相对数量分析来看，捷克的广播电影电视领域相关信息数量占比最高，这说明相对于其他领域，捷克对广播电影电视领域投入了更多的关注，之后为航空航天、机械制造领域，旅游、化工、对外经贸合作、科技、重大项目、金融等也是捷克关注相对较多的领域（见图 2-115）。

（八）克罗地亚

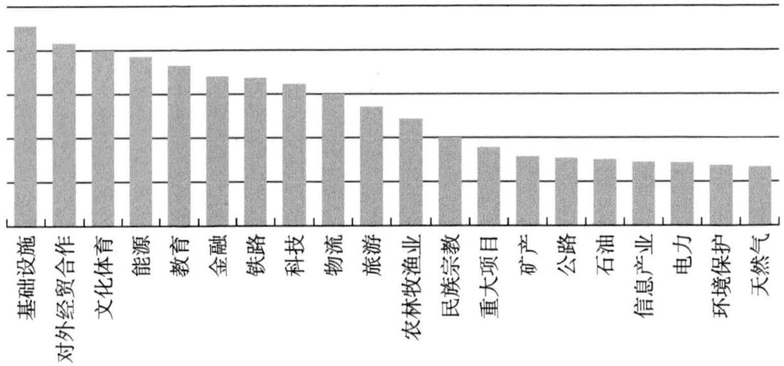

图 2-116 “一带一路”沿线各国家参与领域——克罗地亚

数据分析显示，克罗地亚在响应“一带一路”倡议的过程中，参与较多的交流、合作或发展领域为基础设施、对外经贸合作和文化体育等，其他主要参与的领域还有能源、教育、金融、铁路、科技等（见图 2-116）。

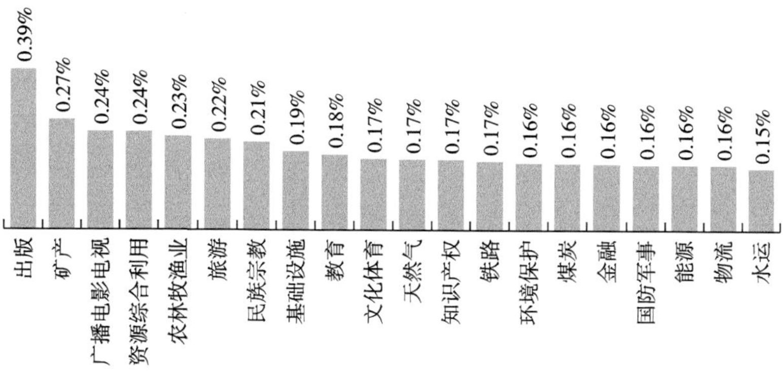

图 2-117　“一带一路”沿线各国家关注聚焦——克罗地亚

从相对数量分析来看，克罗地亚的出版领域相关信息数量占比最高，这说明相对于其他领域，克罗地亚对出版领域投入了更多的关注，之后为矿产和广播电影电视领域，资源综合利用、农林牧渔业、旅游、民族宗教、基础设施等也是克罗地亚关注相对较多的领域（见图 2-117）。

（九）拉脱维亚

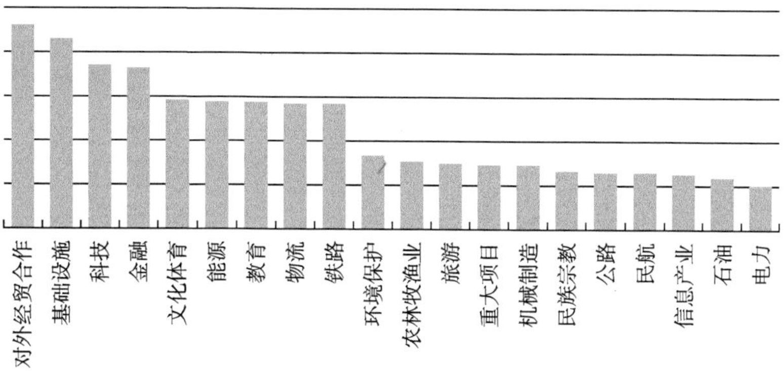

图 2-118　“一带一路”沿线各国家参与领域——拉脱维亚

数据分析显示，拉脱维亚在响应“一带一路”倡议的过程中，参与较多的交流、合作或发展领域为对外经贸合作、基础设施和科技等，其他主要参与的领域还有金融、文化体育、能源、教育等（见图 2-118）。

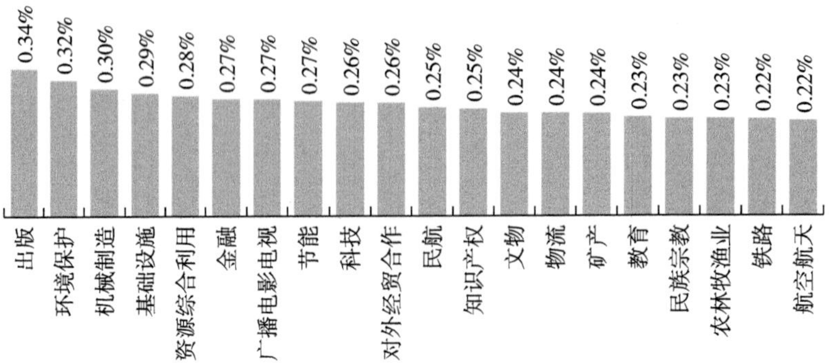

图 2-119　“一带一路”沿线各国家关注聚焦——拉脱维亚

从相对数量分析来看，拉脱维亚的出版领域相关信息数量占比最高，这说明相对于其他领域，拉脱维亚对出版领域投入了更多的关注，之后为环境保护和机械制造领域，基础设施、资源综合利用、金融、广播电影电视、节能、科技等也是拉脱维亚关注相对较多的领域（见图 2-119）。

（十）立陶宛

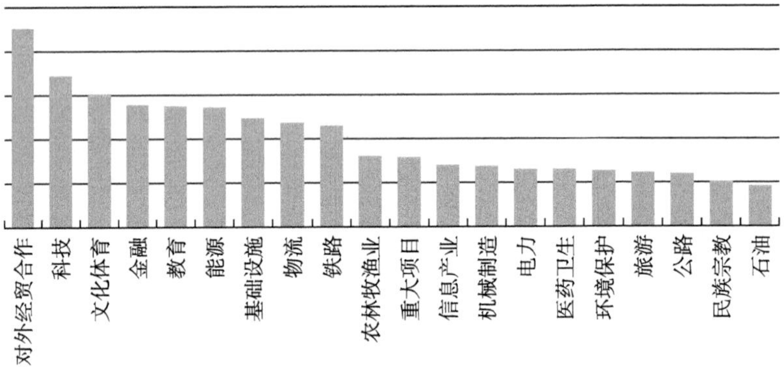

图 2-120　“一带一路”沿线各国家参与领域——立陶宛

数据分析显示，立陶宛在响应“一带一路”倡议的过程中，参与较多的交流、合作或发展领域为对外经贸合作、科技和文化体育等，其他主要参与的领域还有金融、教育、能源、基础设施、物流等（见图 2-120）。

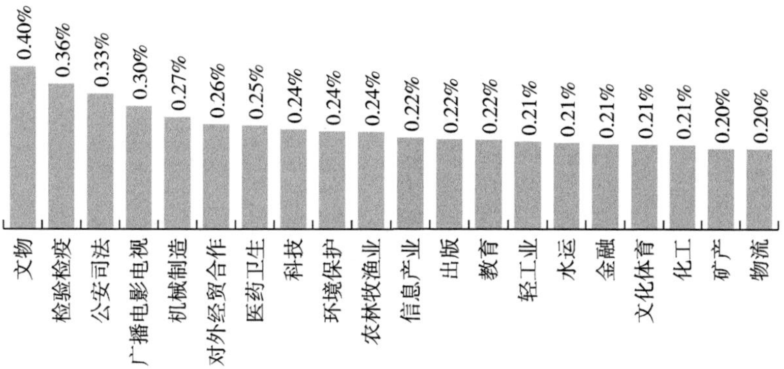

图 2-121　“一带一路”沿线各国家关注聚焦——立陶宛

从相对数量分析来看，立陶宛的文物领域相关信息数量占比最高，这说明相对于其他领域，立陶宛对文物领域投入了更多的关注，之后为检验检疫、公安司法、广播电影电视、机械制造等领域（见图 2-121）。

（十一）罗马尼亚

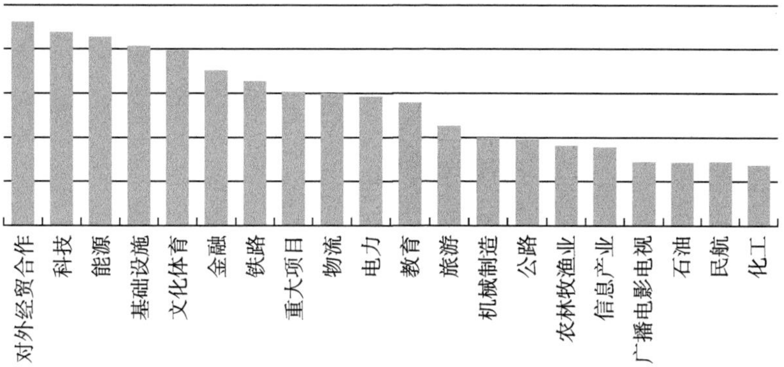

图 2-122　“一带一路”沿线各国家参与领域——罗马尼亚

数据分析显示，罗马尼亚在响应“一带一路”倡议的过程中，参与较多的交流、合作或发展领域为对外经贸合作、科技和能源等，其他主要参与的领域还有基础设施、文化体育、金融、铁路等（见图 2-122）。

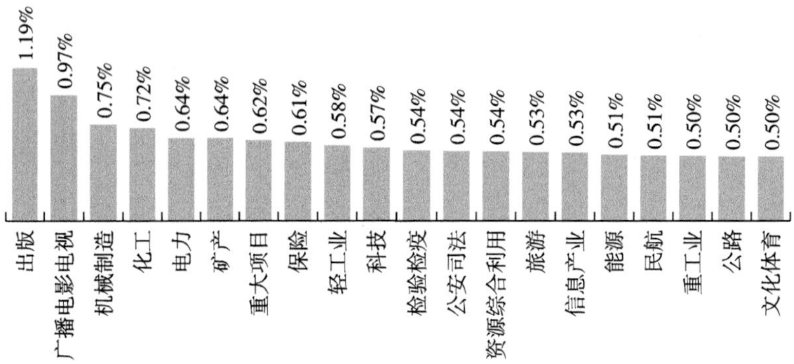

图 2-123 “一带一路”沿线各国家关注聚焦——罗马尼亚

从相对数量分析来看，罗马尼亚的出版领域相关信息数量占比最高，这说明相对于其他领域，罗马尼亚对出版领域投入了更多的关注，之后为广播电影电视和机械制造领域，化工、电力、矿产、重大项目、保险等也是罗马尼亚关注相对较多的领域（见图 2-123）。

（十二）马其顿

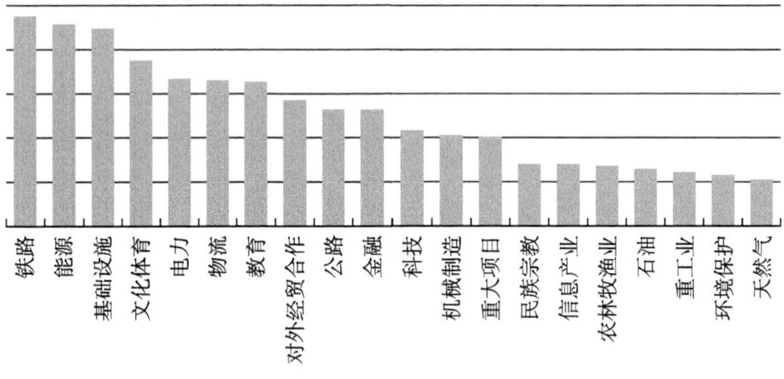

图 2-124 “一带一路”沿线各国家参与领域——马其顿

数据分析显示，马其顿在响应“一带一路”倡议的过程中，参与较多的交流、合作或发展领域为铁路、能源和基础设施等，其他主要参与的领域还有文化体育、电力、物流、教育等（见图 2-124）。

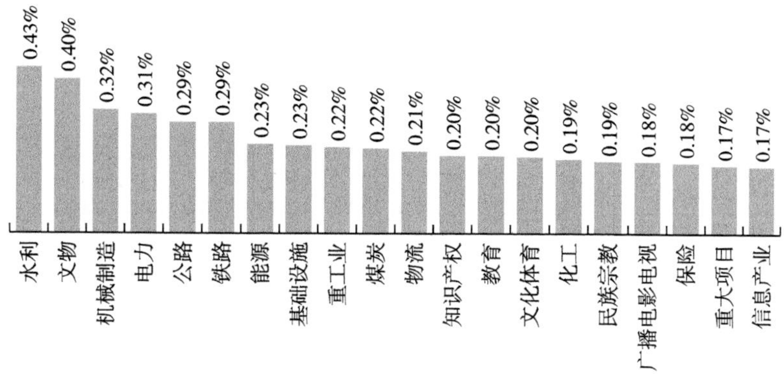

图 2-125　“一带一路”沿线各国家关注聚焦——马其顿

从相对数量分析来看，马其顿的水利领域相关信息数量占比最高，这说明相对于其他领域，马其顿对水利领域投入了更多的关注，之后为文物和机械制造领域，电力、公路、铁路、能源、基础设施等也是马其顿关注相对较多的领域（见图 2-125）。

（十三）塞尔维亚

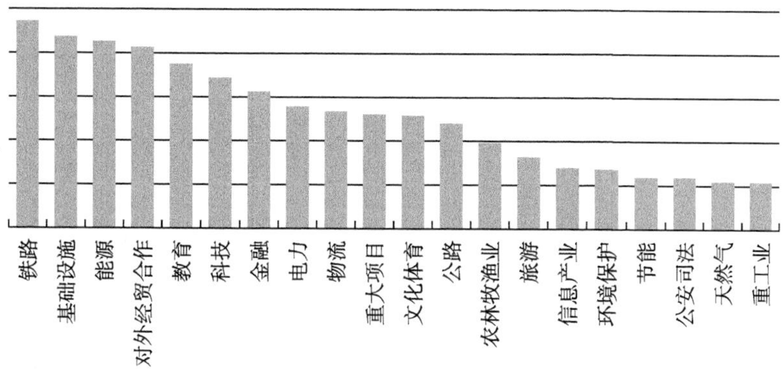

图 2-126　“一带一路”沿线各国家参与领域——塞尔维亚

数据分析显示，塞尔维亚参与“一带一路”倡议较多的交流、合作或发展领域为铁路、基础设施和能源等，其他主要参与的领域还有对外经贸合作、教育、科技、金融、电力等（见图 2-126）。

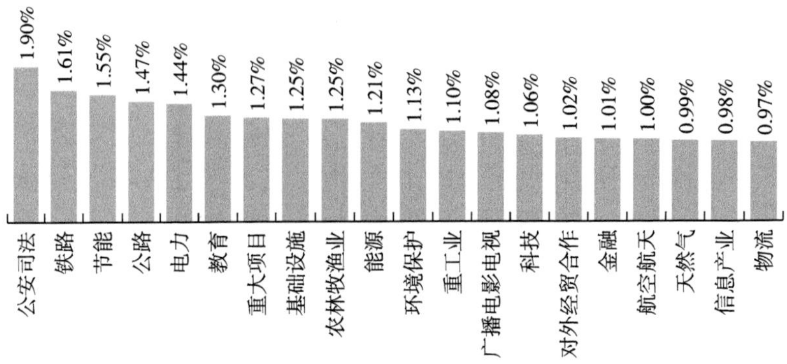

图 2-127　“一带一路”沿线各国家关注聚焦——塞尔维亚

从相对数量分析来看，塞尔维亚的公安司法领域的相关信息数量占比最高，这说明相对于其他领域，塞尔维亚对公安司法领域投入了更多的关注，之后为铁路和节能领域，公路、电力、教育、重大项目、基础设施等也是塞尔维亚关注相对较多的领域（见图 2-127）。

（十四）斯洛伐克

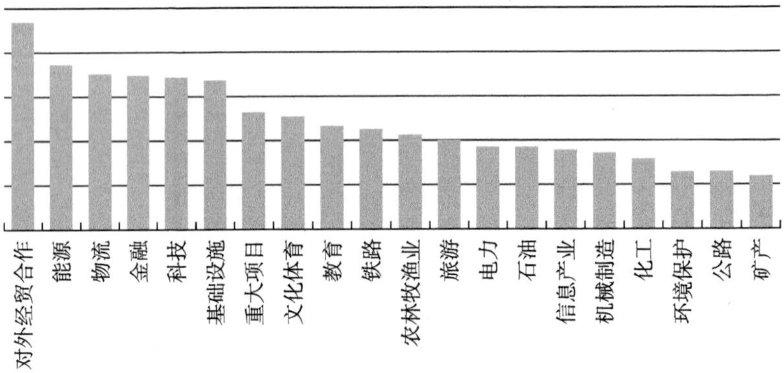

图 2-128　“一带一路”沿线各国家参与领域——斯洛伐克

数据分析显示，斯洛伐克在响应“一带一路”倡议的过程中，参与较多的交流、合作或发展领域为对外经贸合作、能源、物流等，其他主要参与的领域还有金融、科技、基础设施、重大项目等（见图 2-128）。

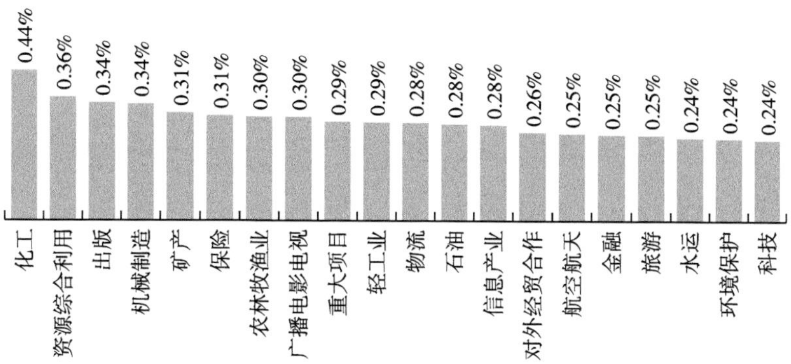

图 2-129　“一带一路”沿线各国家关注聚焦——斯洛伐克

从相对数量分析来看，斯洛伐克的化工领域相关信息数量占比最高，这说明相对于其他领域，斯洛伐克对化工领域投入了更多的关注，之后为资源综合利用和出版领域，机械制造、矿产、保险、农林牧渔业、广播电影电视等也是斯洛伐克关注相对较多的领域（见图 2-129）。

（十五）斯洛文尼亚

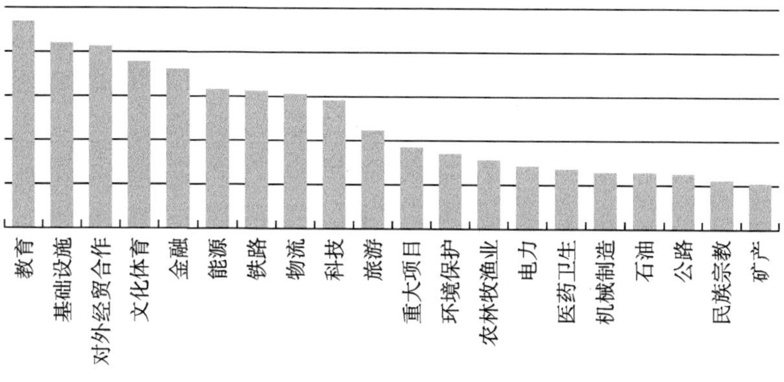

图 2-130　“一带一路”沿线各国家参与领域——斯洛文尼亚

数据分析显示，斯洛文尼亚在响应“一带一路”倡议的过程中，参与较多的交流、合作或发展领域为教育、基础设施和对外经贸合作等，其他主要参与的领域还有文化体育、金融、能源、铁路等（见图 2-130）。

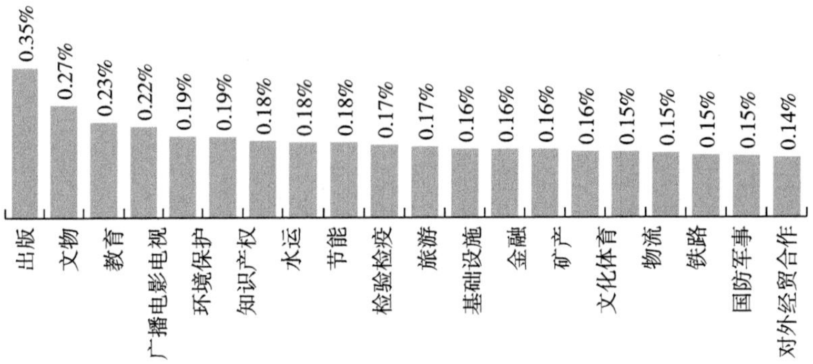

图 2-131　“一带一路”沿线各国家关注聚焦——斯洛文尼亚

从相对数量分析来看，斯洛文尼亚的出版领域相关信息数量占比最高，这说明相对于其他领域，斯洛文尼亚对出版领域投入了更多的关注，之后为文物和教育领域，广播电影电视、环境保护、知识产权、水运、节能等也是斯洛文尼亚关注相对较多的领域（见图 2-131）。

（十六）匈牙利

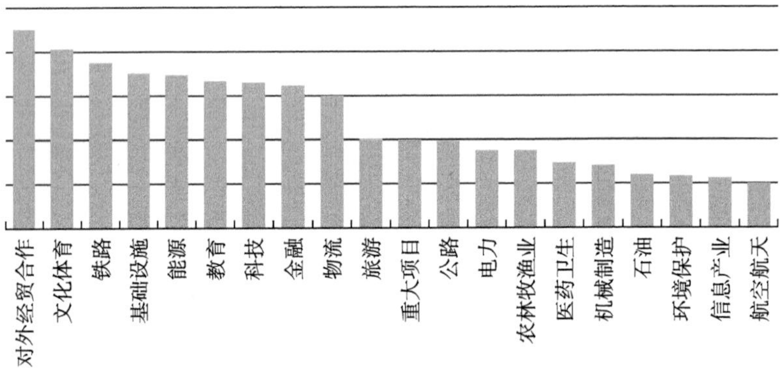

图 2-132　“一带一路”沿线各国家参与领域——匈牙利

数据分析显示，匈牙利在响应“一带一路”倡议的过程中，参与较多的交流、合作或发展领域为对外经贸合作、文化体育和铁路等，其他主要参与的领域还有基础设施、能源、教育、科技等（见图 2-132）。

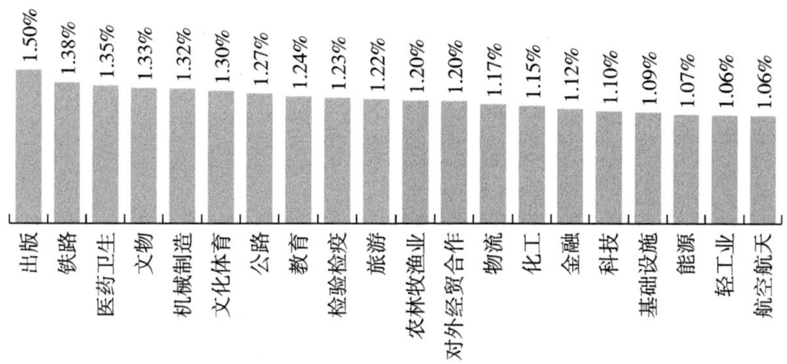

图 2-133　“一带一路”沿线各国家关注聚焦——匈牙利

从相对数量分析来看，匈牙利的出版领域相关信息数量占比最高，这说明相对于其他领域，匈牙利对出版领域投入了更多的关注，之后为铁路和医药卫生领域，文物、机械制造、文化体育、公路、教育、检验检疫等也是匈牙利关注相对较多的领域（见图 2-133）。

六、南亚

（一）阿富汗

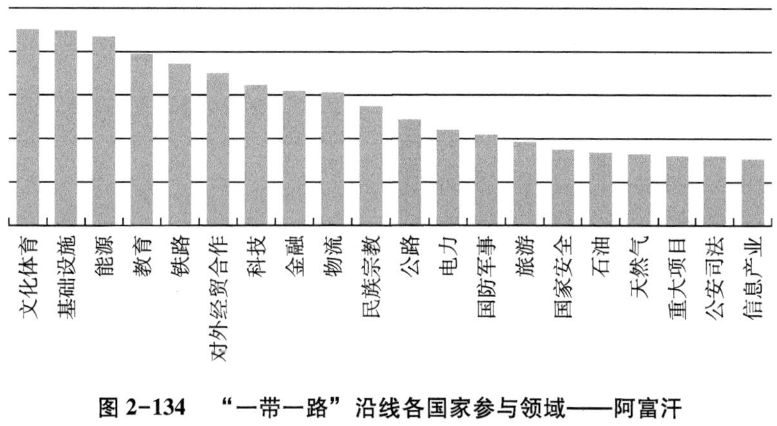

图 2-134　“一带一路”沿线各国家参与领域——阿富汗

数据分析显示，阿富汗在响应“一带一路”倡议的过程中，参与较多的交流、合作或发展领域为文化体育、基础设施和能源等，其他主要参与的领域还有教育、铁路、对外经贸合作、科技等（见图 2-134）。

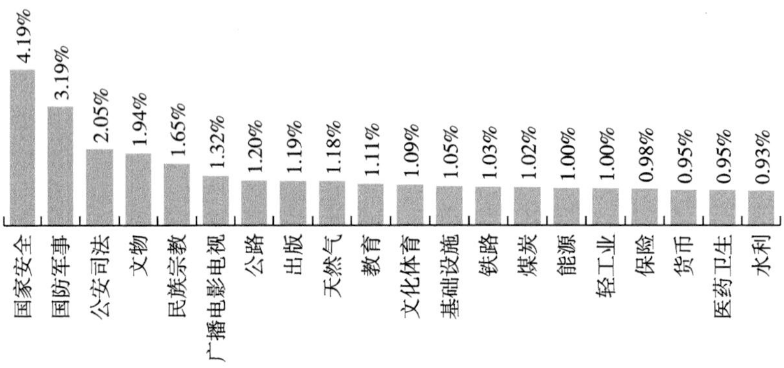

图 2–135 “一带一路”沿线各国家关注聚焦——阿富汗

从相对数量分析来看，阿富汗的国家安全领域相关信息数量占比最高，这说明相对于其他领域，阿富汗对国家安全领域投入了更多的关注，之后为国防军事、公安司法、文物、民族宗教、广播电影电视等领域（见图 2–135）。

（二）巴基斯坦

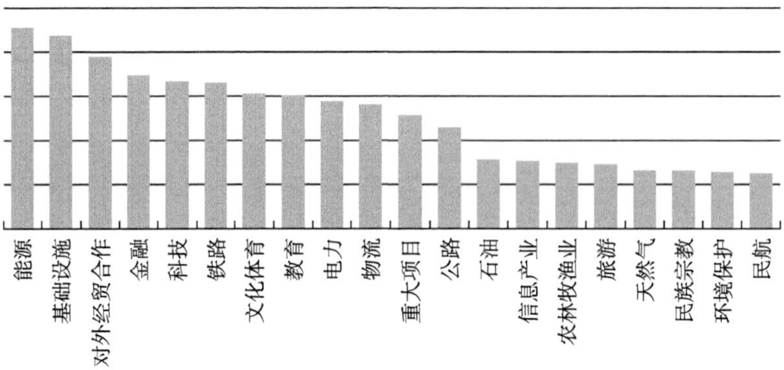

图 2–136 “一带一路”沿线各国家参与领域——巴基斯坦

数据分析显示，巴基斯坦在响应“一带一路”倡议的过程中，参与较多的交流、合作或发展领域为能源、基础设施和对外经贸合作等，其他主要参与的领域还有金融、科技、铁路、文化体育等（见图 2–136）。

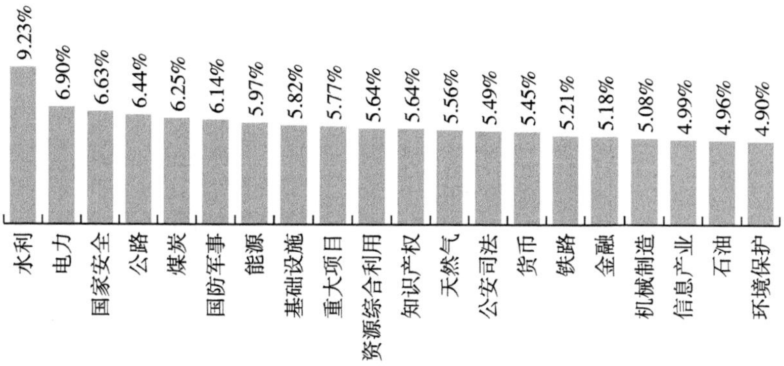

图 2-137　“一带一路”沿线各国家关注聚焦——巴基斯坦

从相对数量分析来看，巴基斯坦的水利领域相关信息数量占比最高，这说明相对于其他领域，巴基斯坦对水利领域投入了更多的关注，之后为电力和国家安全领域，公路、煤炭、国防军事、能源、基础设施等也是巴基斯坦关注相对较多的领域（见图 2-137）。

（三）不丹

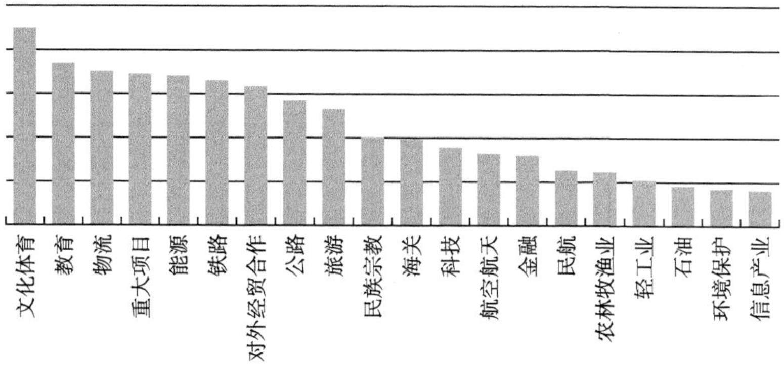

图 2-138　“一带一路”沿线各国家参与领域——不丹

数据分析显示，不丹在响应“一带一路”倡议的过程中，参与较多的交流、合作或发展领域为文化体育、教育和物流等，其他主要参与的领域还有重大项目、能源、铁路、对外经贸合作、公路等（见图 2-138）。

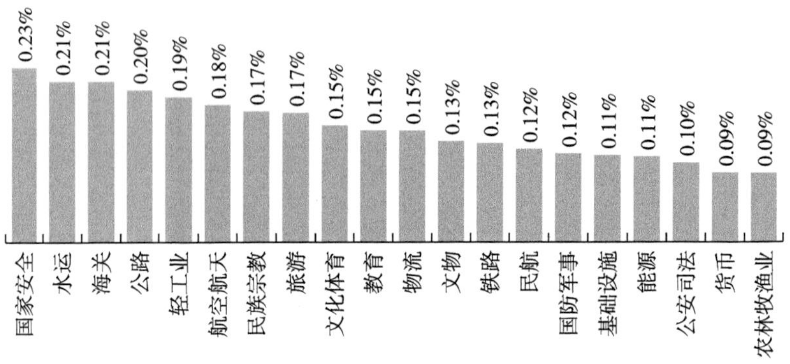

图 2-139　“一带一路”沿线各国家关注聚焦——不丹

从相对数量分析来看，不丹的国家安全领域相关信息数量占比最高，这说明相对于其他领域，不丹对国家安全领域投入了更多的关注，之后为水运和海关领域，公路、轻工业、航空航天、民族宗教、旅游等也是不丹关注相对较多的领域（见图 2-139）。

（四）马尔代夫

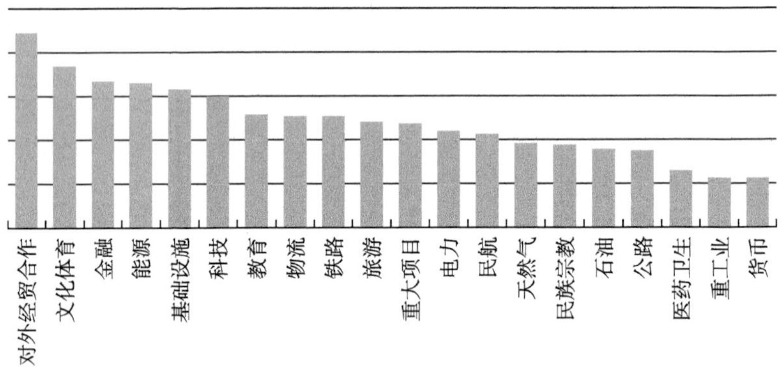

图 2-140　“一带一路”沿线各国家参与领域——马尔代夫

数据分析显示，马尔代夫在响应“一带一路”倡议的过程中，参与较多的交流、合作或发展领域为对外经贸合作、文化体育和金融等，其他主要参与的领域还有能源、基础设施、科技、教育等（见图 2-140）。

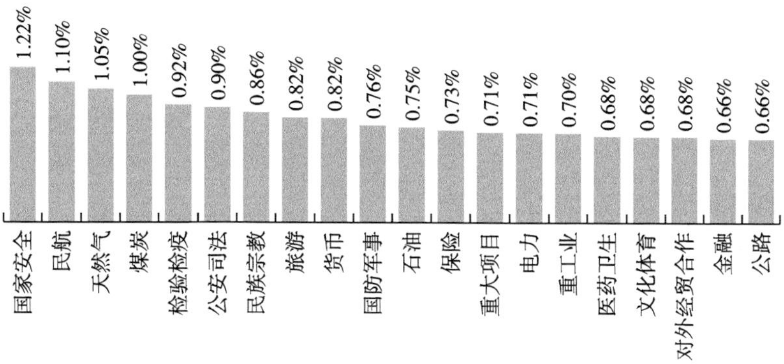

图 2-141　“一带一路”沿线各国家关注聚焦——马尔代夫

从相对数量分析来看，马尔代夫的国家安全领域相关信息数量占比最高，这说明相对于其他领域，马尔代夫对国家安全领域投入了更多的关注，之后为民航和天然气领域，煤炭、检验检疫、公安司法、民族宗教、旅游等也是马尔代夫关注相对较多的领域（见图 2-141）。

（五）孟加拉国

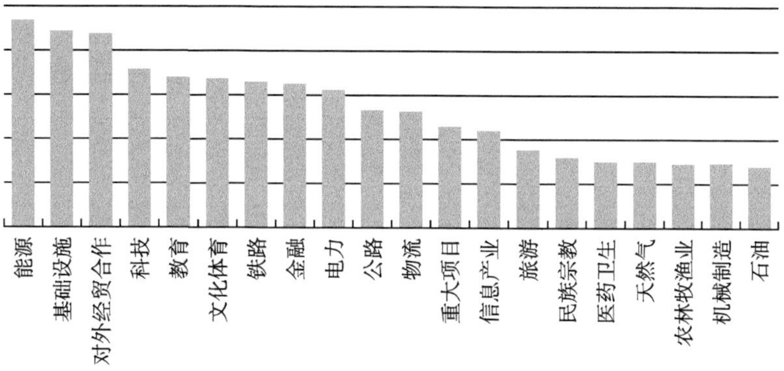

图 2-142　“一带一路”沿线各国家参与领域——孟加拉国

数据分析显示，孟加拉国在响应“一带一路”倡议的过程中，参与较多的交流、合作或发展领域为能源、基础设施和对外经贸合作等，其他主要参与的领域还有科技、教育、文化体育、铁路等（见图 2-142）。

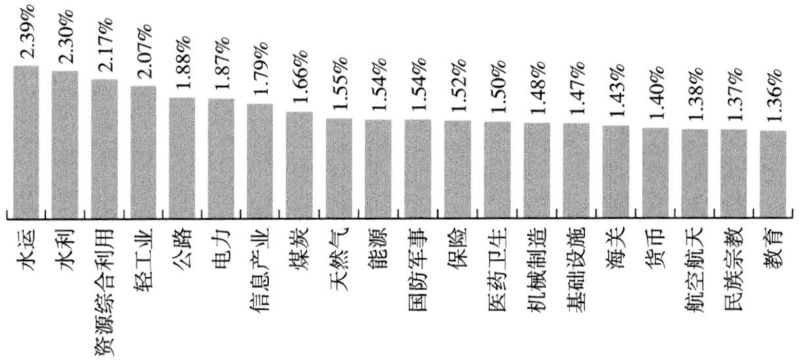

图 2-143 “一带一路”沿线各国家关注聚焦——孟加拉国

从相对数量分析来看，孟加拉国的水运领域相关信息数量占比最高，这说明相对于其他领域，孟加拉国对水运领域投入了更多的关注，之后为水利和资源综合利用领域，轻工业、公路、电力、信息产业、煤炭、天然气等也是孟加拉国关注相对较多的领域（见图 2-143）。

（六）尼泊尔

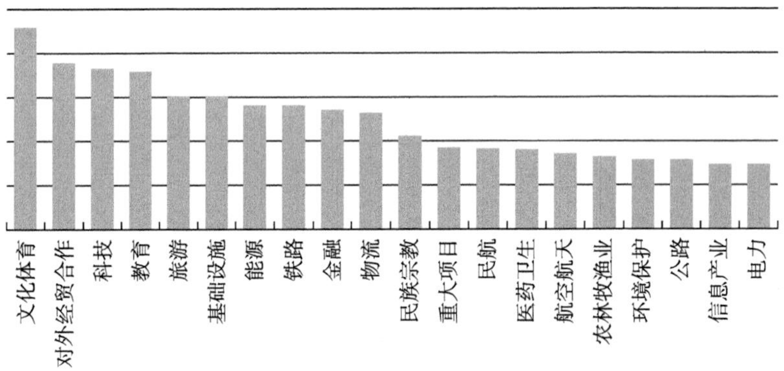

图 2-144 “一带一路”沿线各国家参与领域——尼泊尔

数据分析显示，尼泊尔在响应“一带一路”倡议的过程中，参与较多的交流、合作或发展领域为文化体育、对外经贸合作和科技等，其他主要参与的领域还有教育、旅游、基础设施、能源等（见图 2-144）。

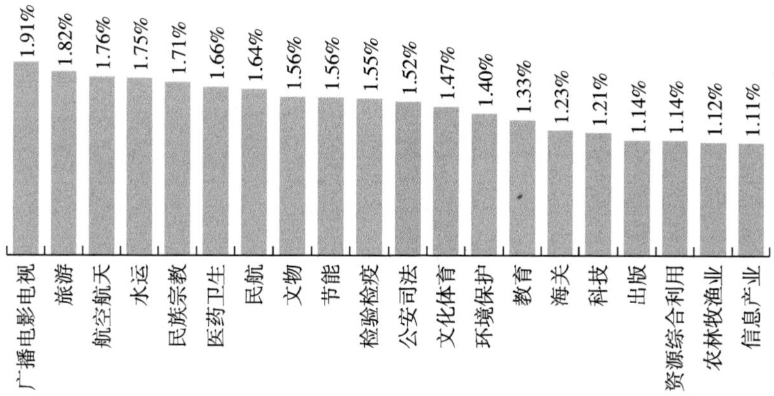

图 2-145　“一带一路”沿线各国家关注聚焦——尼泊尔

从相对数量分析来看，尼泊尔的广播电影电视领域相关信息数量占比最高，这说明相对于其他领域，尼泊尔对广播电影电视领域投入了更多的关注，之后为旅游和航空航天领域，水运、民族宗教、医药卫生、民航、文物、节能等也是尼泊尔关注相对较多的领域（见图 2-145）。

（七）斯里兰卡

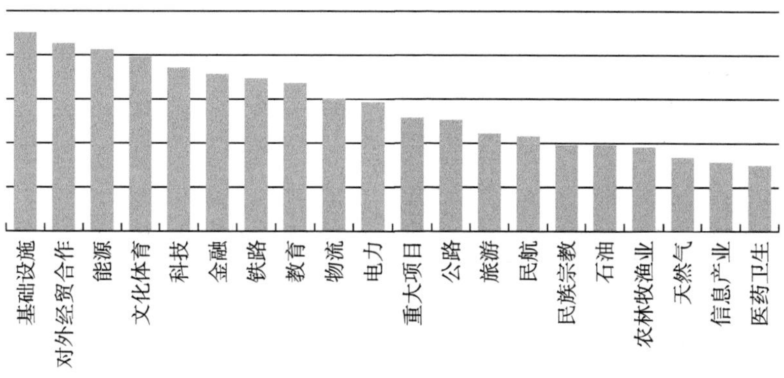

图 2-146　“一带一路”沿线各国家参与领域——斯里兰卡

数据分析显示，斯里兰卡在响应“一带一路”倡议的过程中，参与较多的交流、合作或发展领域为基础设施、对外经贸合作和能源等，其他主要参与的领域还有文化体育、科技、金融等（见图 2-146）。

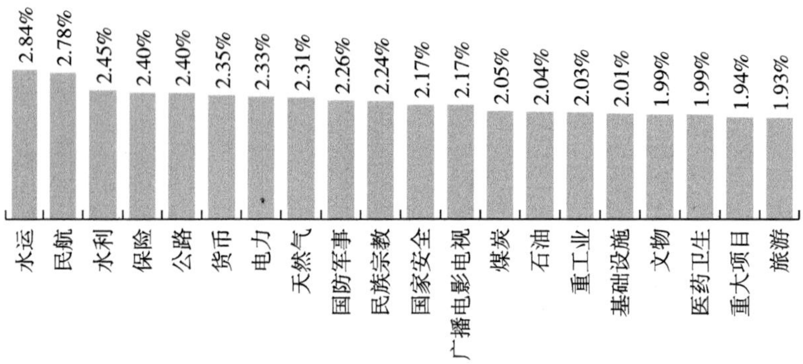

图 2-147 “一带一路”沿线各国家关注聚焦——斯里兰卡

从相对数量分析来看，斯里兰卡的水运领域相关信息数量占比最高，这说明相对于其他领域，斯里兰卡对水运领域投入了更多的关注，之后为民航和水利领域，保险、公路、货币、电力、天然气、国防军事等也是斯里兰卡关注相对较多的领域（见图 2-147）。

（八）印度

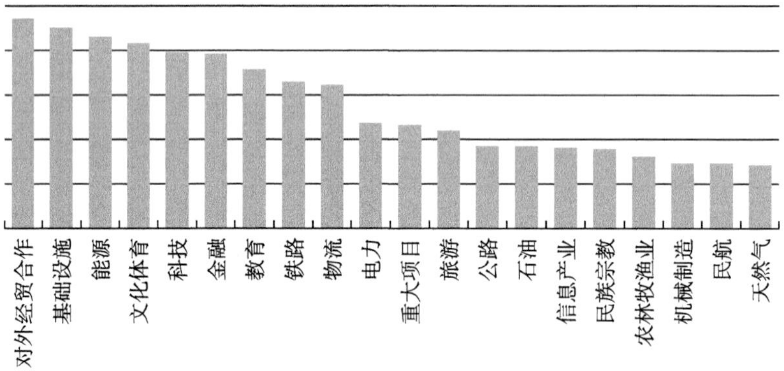

图 2-148 “一带一路”沿线各国家参与领域——印度

数据分析显示，印度在响应“一带一路”倡议的过程中，参与较多的交流、合作或发展领域为对外经贸合作、基础设施和能源等，其他主要参与的领域还有文化体育、科技、金融、教育、铁路等（见图 2-148）。

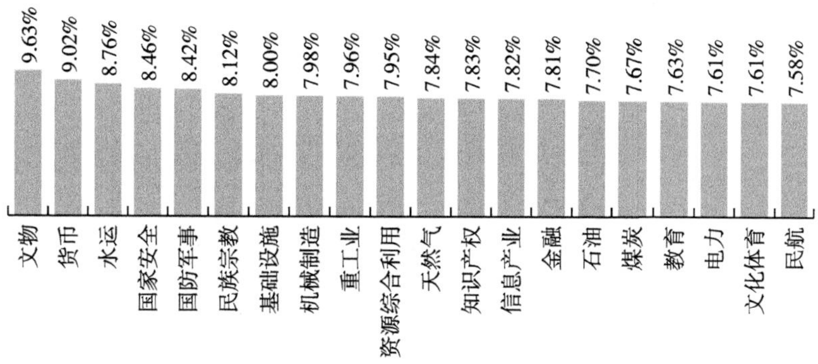

图 2-149　“一带一路”沿线各国家关注聚焦——印度

从相对数量分析来看，印度的文物领域相关信息数量占比最高，这说明相对于其他领域，印度对文物领域投入了更多的关注，之后为货币和水运领域，国家安全、国防军事、民族宗教、基础设施、机械制造、重工业等也是印度关注相对较多的领域（见图 2-149）。

七、其他国家

（一）蒙古国

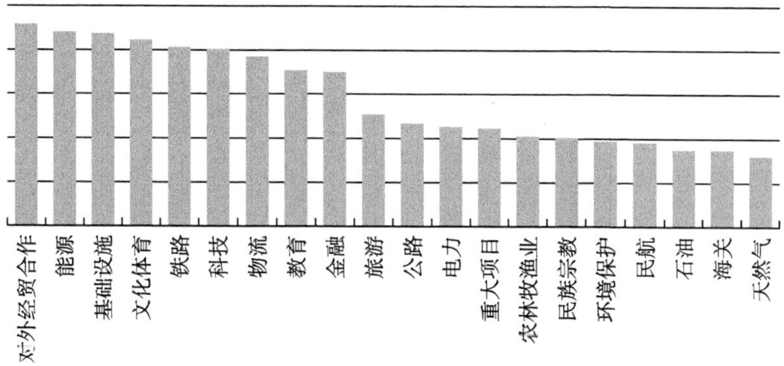

图 2-150　“一带一路”沿线各国家参与领域——蒙古国

数据分析显示，蒙古国在响应“一带一路”倡议的过程中，参与较多的交流、合作或发展领域为对外经贸合作、能源和基础设施等，其他主要参与的领域还有文化体育、铁路、科技、物流、教育等（见图 2-150）。

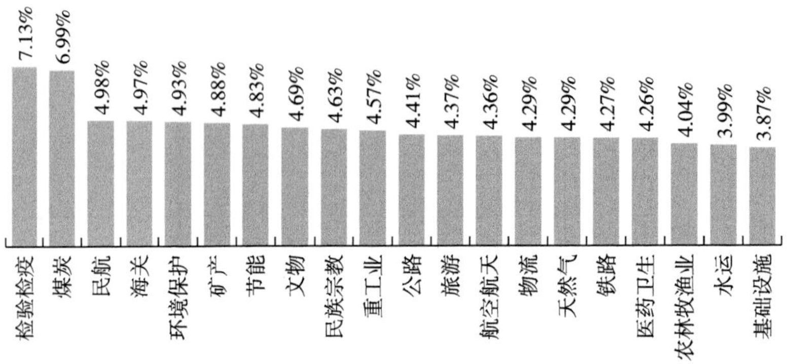

图 2-151　“一带一路”沿线各国家关注聚焦——蒙古国

从相对数量分析来看，蒙古国的检验检疫领域相关信息数量占比最高，这说明相对于其他领域，蒙古国对检验检疫领域投入了更多的关注，之后为煤炭、民航、海关、环境保护、矿产、节能、文物等领域（见图 2-151）。

（二）东帝汶

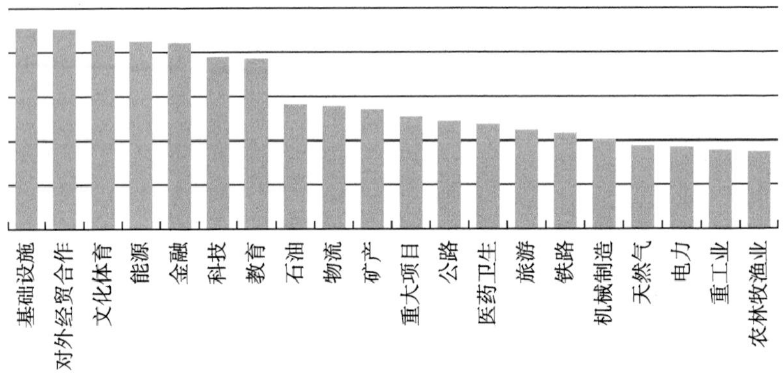

图 2-152　“一带一路”沿线各国家参与领域——东帝汶

数据分析显示，东帝汶在响应“一带一路”倡议的过程中，参与较多的交流、合作或发展领域为基础设施、对外经贸合作、文化体育等，其他主要参与的领域还有能源、金融、科技、教育等（见图 2-152）。

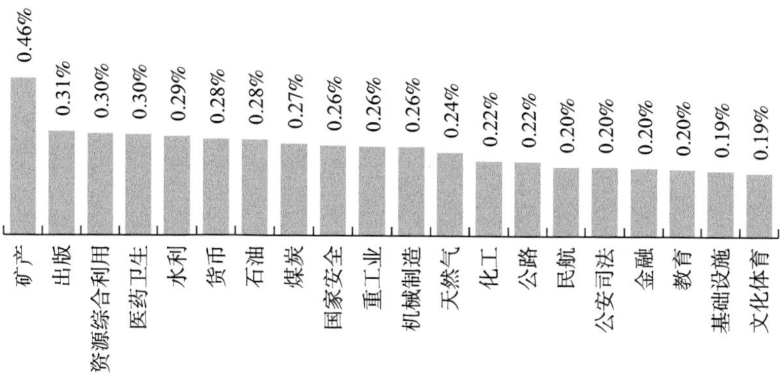

图 2-153　“一带一路”沿线各国家关注聚焦——东帝汶

从相对数量分析来看，东帝汶的矿产领域相关信息数量占比最高，这说明相对于其他领域，东帝汶对矿产领域投入了更多的关注，之后为出版和资源综合利用领域，医药卫生、水利、货币、石油、煤炭等也是东帝汶关注相对较多的领域（见图 2-153）。

（三）希腊

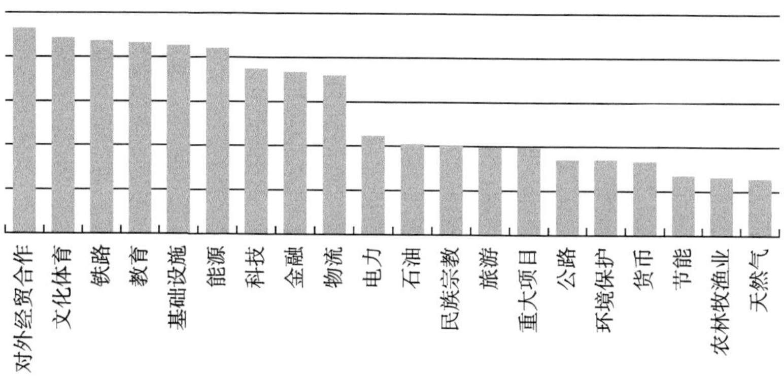

图 2-154　“一带一路”沿线各国家参与领域——希腊

数据分析显示，希腊在响应“一带一路”倡议的过程中，参与较多的交流、合作或发展领域为对外经贸合作、文化体育和铁路等，其他主要参与的领域有教育、基础设施、能源、科技、金融等（见图 2-154）。

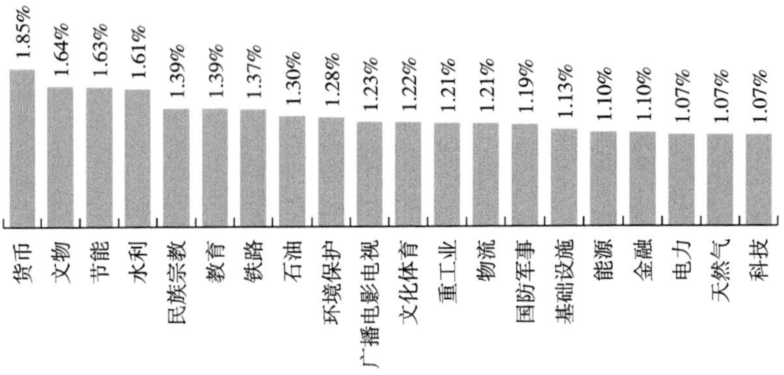

图 2-155　“一带一路”沿线各国家关注聚焦——希腊

从相对数量分析来看，希腊的货币领域相关信息数量占比最高，这说明相对于其他领域，希腊对货币领域投入了更多的关注，之后为文物和节能领域，水利、民族宗教、教育、铁路、石油、环境保护等也是希腊关注相对较多的领域（见图 2-155）。

（四）埃塞俄比亚

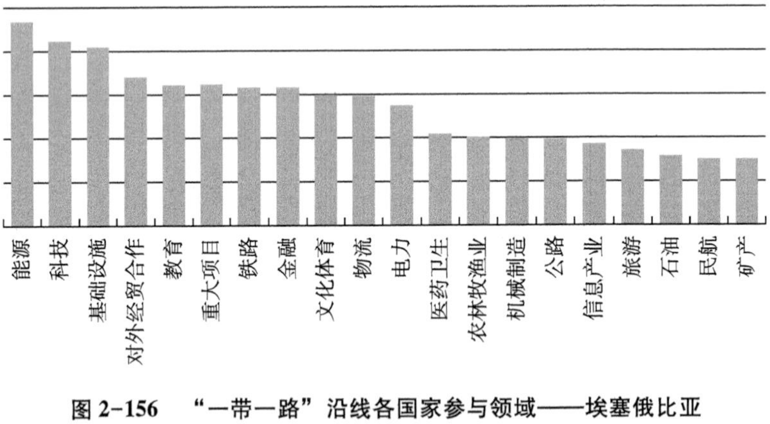

图 2-156　“一带一路”沿线各国家参与领域——埃塞俄比亚

数据分析显示，埃塞俄比亚在响应“一带一路”倡议的过程中，参与较多的交流、合作或发展领域为能源、科技和基础设施等，其他主要参与的领域还有对外经贸合作、教育、重大项目、铁路等（见图 2-156）。

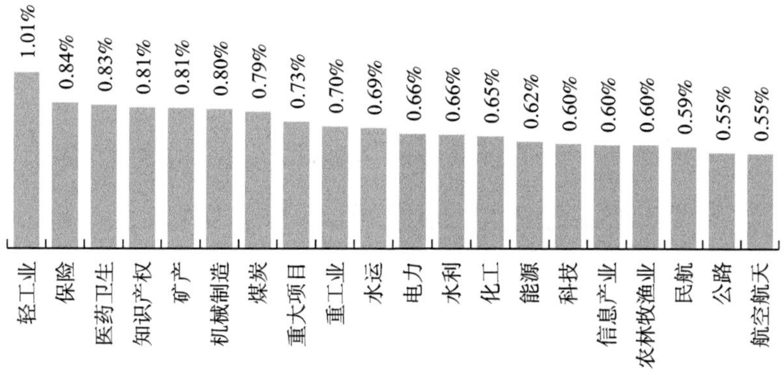

图 2-157　“一带一路”沿线各国家关注聚焦——埃塞俄比亚

从相对数量分析来看，埃塞俄比亚的轻工业领域相关信息数量占比最高，这说明相对于其他领域，埃塞俄比亚对轻工业领域投入了更多的关注，之后为保险和医药卫生领域，知识产权、矿产、机械制造、煤炭、重大项目、重工业等也是埃塞俄比亚关注相对较多的领域（见图 2-157）。

（五）南非

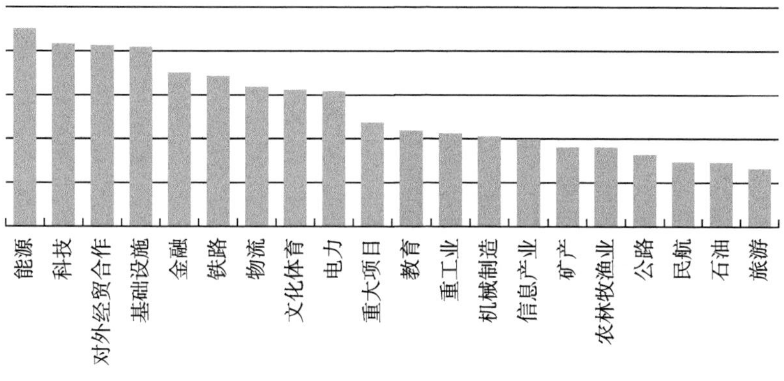

图 2-158　“一带一路”沿线各国家参与领域——南非

数据分析显示，南非在响应“一带一路”倡议的过程中，参与较多的交流、合作或发展领域为能源、科技和对外经贸合作等，其他主要参与的领域还有基础设施、金融、铁路、物流、文化体育等（见图 2-158）。

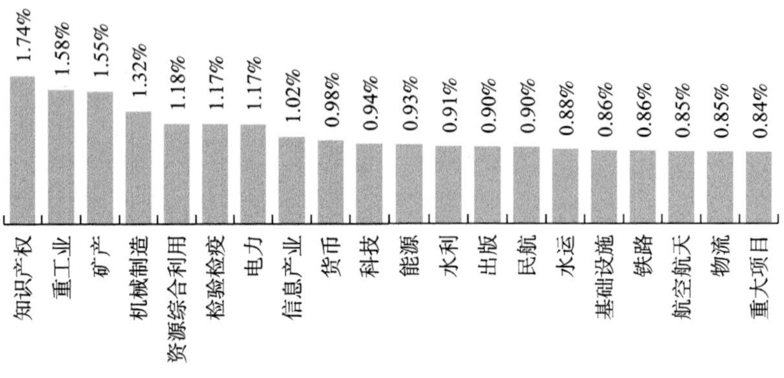

图 2-159 “一带一路”沿线各国家关注聚焦——南非

从相对数量分析来看，南非的知识产权领域相关信息数量占比最高，这说明相对于其他领域，南非对知识产权领域投入了更多的关注，之后为重工业和矿产领域，机械制造、资源综合利用、检验检疫、电力等也是南非关注相对较多的领域（见图 2-159）。

（六）新西兰

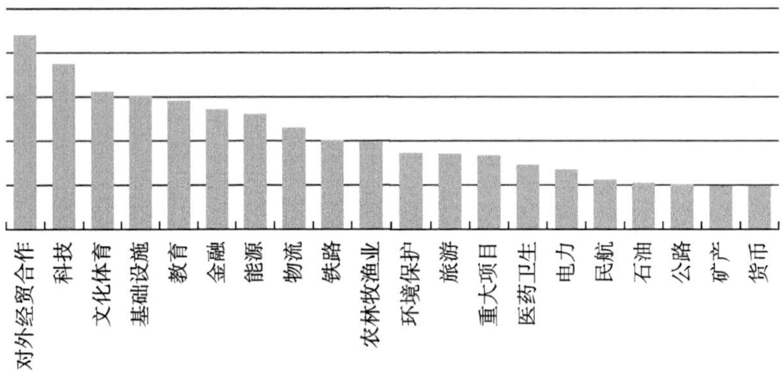

图 2-160 “一带一路”沿线各国家参与领域——新西兰

数据分析显示，新西兰在响应“一带一路”倡议的过程中，参与较多的交流、合作或发展领域为对外经贸合作、科技和文化体育等，其他主要参与的领域还有基础设施、教育、金融、能源、物流等（见图 2-160）。

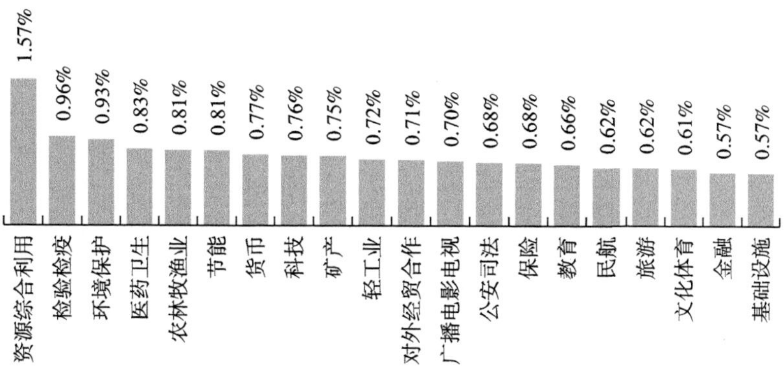

图 2-161　“一带一路”沿线各国家关注聚焦——新西兰

从相对数量分析来看，新西兰的资源综合利用领域相关信息数量占比最高，这说明相对于其他领域，新西兰对资源综合利用领域投入了更多的关注，之后为检验检疫和环境保护领域，医药卫生、农林牧渔业、节能、货币、科技等也是新西兰关注相对较多的领域（见图 2-161）。

第五节　“一带一路”沿线国家相关活动参与

一、“一带一路”沿线国家相关活动参与

“一带一路”沿线国家举办或参与的相关活动中，最多的形式为论坛，占比 26.9%。之后是峰会，占比 15.1%；博览会，占比 14.7%；研讨会，占比 13.0%（见图 2-162）。

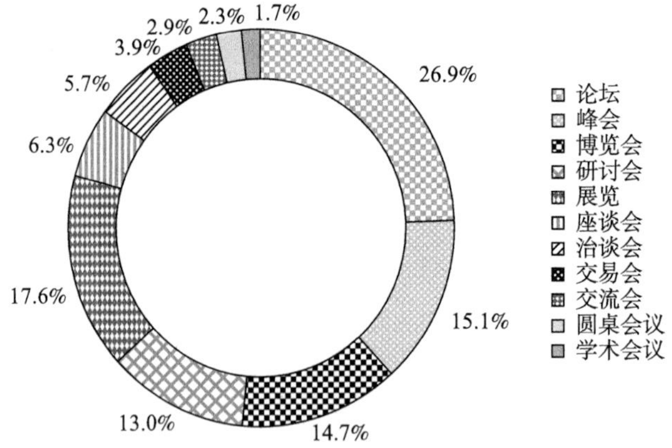

图 2-162　“一带一路”沿线国家相关活动参与

二、与我国接壤的“一带一路”沿线国家相关活动参与

与我国接壤的“一带一路”沿线国家举办或参与的“一带一路”相关活动中，最多的形式为论坛，占比 26.0%。之后是峰会和博览会，占比均为 15.4%；研讨会，占比 12.5%（见图 2-163）。

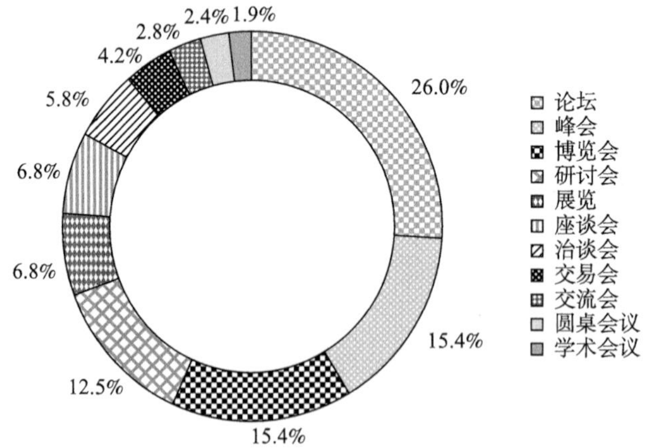

图 2-163　与我国接壤的“一带一路”沿线国家相关活动参与

三、不同地区及组织相关活动参与

为消除各个组织、地区的影响力差异，及不同相关活动的参与热度带来的信息绝对数量的影响，本节部分内容同样采用相对数量分析。在相对数量分析中，某一组织或地区的某类相关活动占比是指该组织或地区该相关活动的相关信息数量占全部组织或地区该相关活动相关信息数量的比例，说明的是该组织或地区对该相关活动的关注相对于其他相关活动的情况。

（一）东盟

数据分析显示，东盟国家举办或参与的“一带一路”相关活动中，最多的形式为论坛，占比 26. 2%。之后是峰会，占比 16. 3%；博览会，占比 14. 9%；研讨会，占比 10. 4%（见图 2-164）。

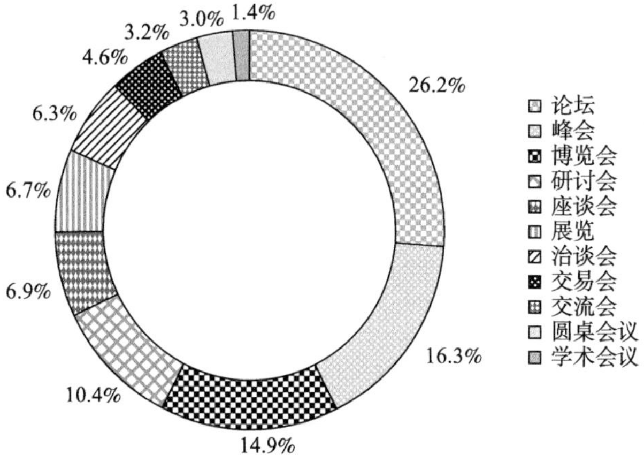

图 2-164　不同地区及组织相关活动参与——东盟

从相对数量分析来看，东盟国家举办或参与圆桌会议的比例最高，这说明东盟国家对举办或参与圆桌会议一类的活动关注更多。交流会、论坛、洽谈会也是东盟国家关注程度较高的相关活动形式（见图 2-165）。

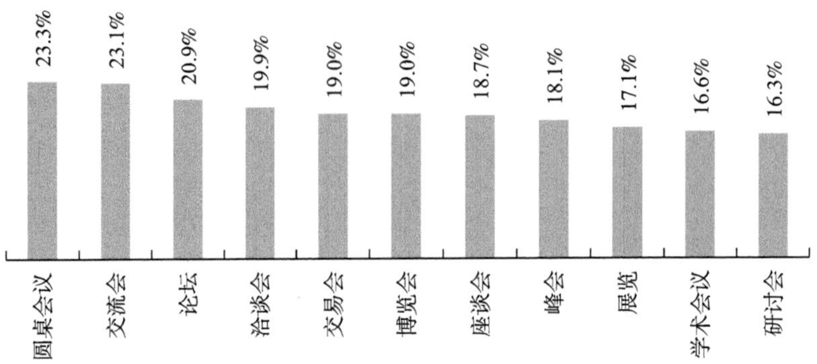

图 2-165　不同地区及组织相关活动差异化分析——东盟

（二）中东地区

数据分析显示，中东地区国家举办或参与的“一带一路”相关活动中，最多的形式为论坛，占比 20. 2%。之后是峰会，占比 16. 0%；博览会，占比 14. 7%；研讨会，占比 14. 6%（见图 2-166）。

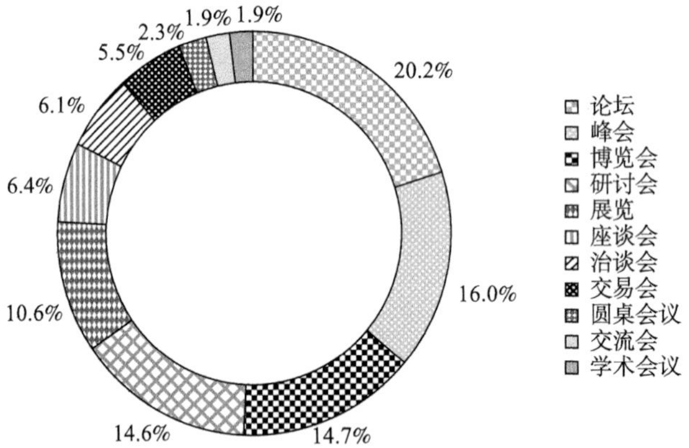

图 2-166　不同地区及组织相关活动参与——中东地区

从相对数量分析来看，中东地区国家举办或参与展览的比例最高，这说明中东地区国家对举办或参与展览一类的活动关注更多。研讨会、交易会、洽谈会也是中东地区国家关注程度较高的相关活动形式（见图 2-167）。

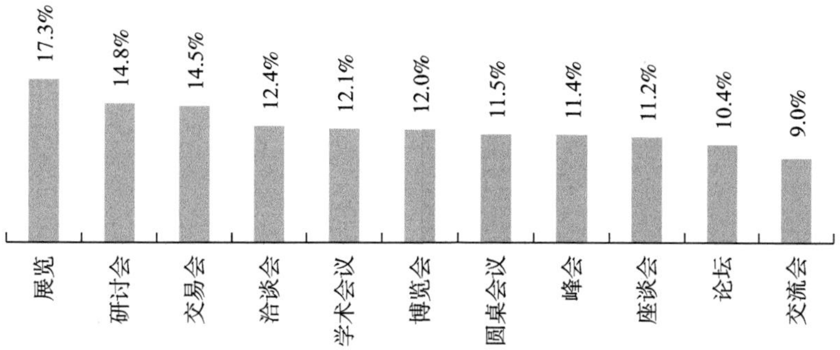

图 2-167　不同地区及组织相关活动差异化分析——中东地区

（三）中亚

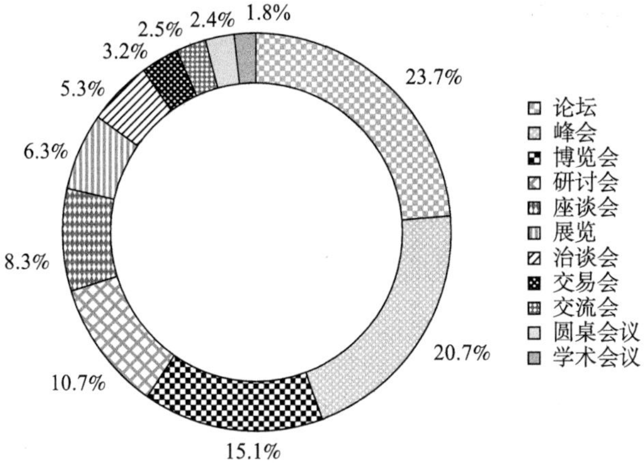

图 2-168　不同地区及组织相关活动参与——中亚

数据分析显示，中亚国家举办或参与的“一带一路”相关活动中，最多的形式为论坛，占比 23.7%。之后是峰会，占比 20.7%；博览会，占比 15.1%；研讨会，占比 10.7%（见图 2-168）。

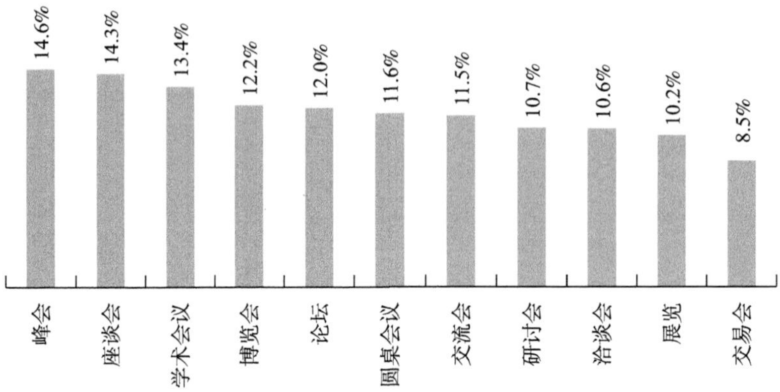

图 2-169　不同地区及组织相关活动差异化分析——中亚

从相对数量分析来看，中亚国家举办或参与峰会的比例最高，这说明中亚国家对举办或参与峰会一类的活动关注更多。座谈会、学术会议、博览会也是中亚国家关注程度较高的相关活动形式（见图 2-169）。

（四）独联体

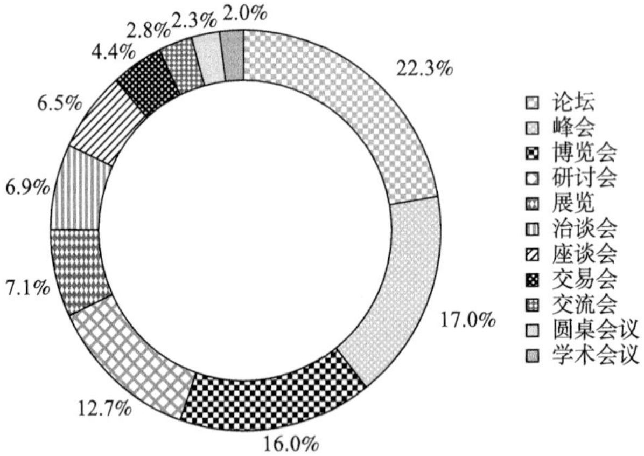

图 2-170　不同地区及组织相关活动参与——独联体

数据分析显示，独联体国家举办或参与的“一带一路”相关活动中，最多的形式为论坛，占比 22.3%。之后是峰会，占比 17.0%；博览会，占比 16.0%；研讨会，占比 12.7%（见图 2-170）。

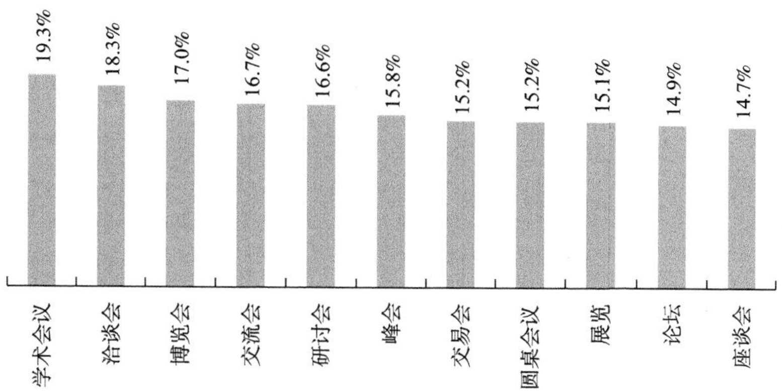

图 2-171　不同地区及组织相关活动差异化分析——独联体

从相对数量分析来看，独联体国家举办或参与学术会议的比例最高，这说明独联体国家对举办或参与学术会议一类的活动关注更多。洽谈会、博览会、交流会也是独联体国家关注程度较高的相关活动形式（见图 2-171）。

（五）中东欧

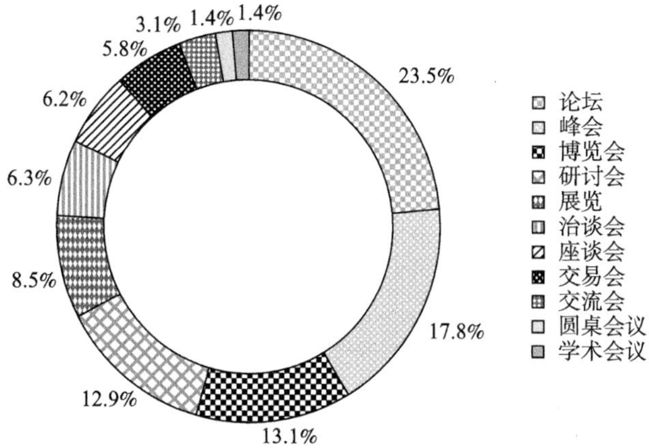

图 2-172　不同地区及组织相关活动参与——中东欧

数据分析显示，中东欧国家举办或参与的“一带一路”相关活动中，最多的形式为论坛，占比 23.5%。之后是峰会，占比 17.8%；博览会，占比 13.1%；研讨会，占比 12.9%（见图 2-172）。

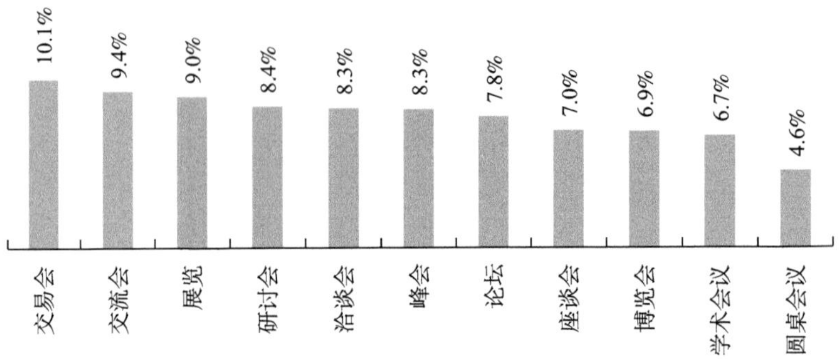

图 2-173　不同地区及组织相关活动差异化分析——中东欧

从相对数量分析来看，中东欧国家举办或参与交易会的比例最高，这说明中东欧国家对举办或参与交易会一类的活动关注更多。交流会、展览、研讨会也是中东欧国家关注程度较高的相关活动形式（见图 2-173）。

（六）南亚

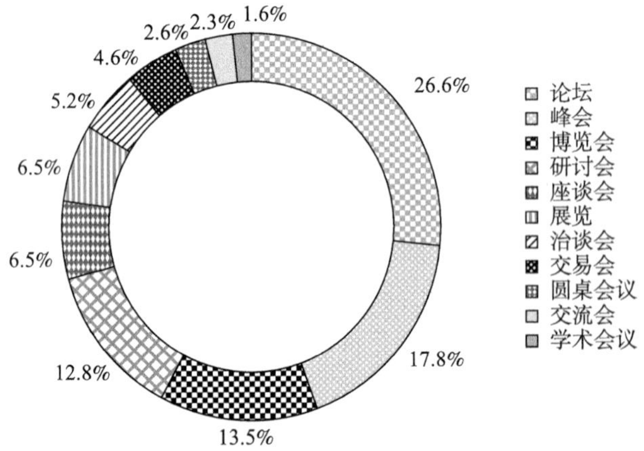

图 2-174　不同地区及组织相关活动参与——南亚

数据分析显示，南亚国家举办或参与的“一带一路”相关活动中，最多的形式为论坛，占比 26.6%。之后是峰会，占比 17.8%；博览会，占比 13.5%；研讨会，占比 12.8%（见图 2-174）。

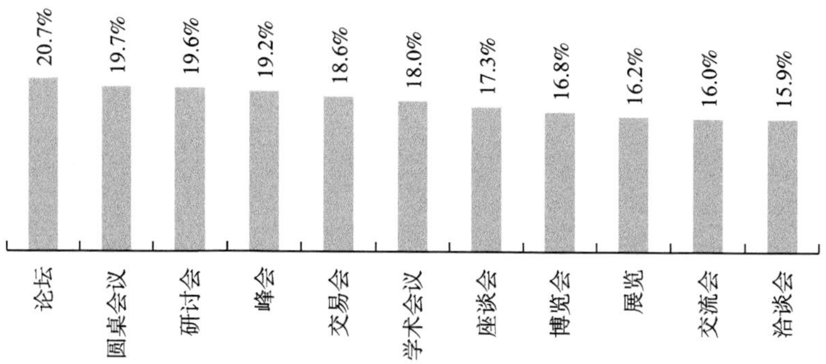

图 2-175　不同地区及组织相关活动差异化分析——南亚

从相对数量分析来看，南亚国家举办或参与论坛的比例最高，这说明南亚国家对举办或参与论坛一类的活动关注更多。圆桌会议、研讨会、峰会也是南亚国家关注程度较高的相关活动形式（见图 2-175）。

第三章
“一带一路”倡议推进成效评价

“一带一路”倡议推进成效评价是对各参与主体推进“一带一路”倡议落实及建设现状进行量化评估的指标体系。对国内各相关省区市推进“一带一路”倡议落实与建设现状进行量化评估的指标体系，称为“一带一路”建设评价体系；对沿线国家参与“一带一路”倡议，推进政策沟通、设施联通、贸易畅通、资金融通、民心相通进行量化评估的指标体系，称为“一带一路”连通评价体系。

第一节　“一带一路”倡议推进成效指数

“一带一路”建设指数与“一带一路”连通指数统称为“一带一路”倡议推进成效指数。

一、“一带一路”建设指数

通过构建“一带一路”建设指数（以下简称“建设指数”），可对国内各相关省区市“一带一路”建设进行量化分析。“一带一路”建设指数是“一带一路”建设评价体系量化分析的结果，是中国各省区“一带一路”倡议落实与建设现状的数据反映。

二、“一带一路”连通指数

通过构建“一带一路”连通指数（以下简称“连通指数”），可对沿线国家参与“一带一路”倡议进行量化分析。“一带一路”连通指数是“一带一路”连通评价体系量化分析的结果，是沿线国家参与“一带一路”倡议合作成效的数据反映。

第二节　“一带一路”建设指数的指标

一、“一带一路”建设指数的指标体系

“一带一路”倡议的落实推进必须以各地经济社会的发展作为支撑，没有基础支撑，“一带一路”建设即为无源之水。“一带一路”建设指数指标体系包括两个维度：自身基础维度评价各相关省区市自身经济发展现状；建设推进维度评价各相关省区市在参与“一带一路”建设时，对外投资、货物贸易、交通运输、政策措施、民间交往等方面的现状（见图 3-1）。

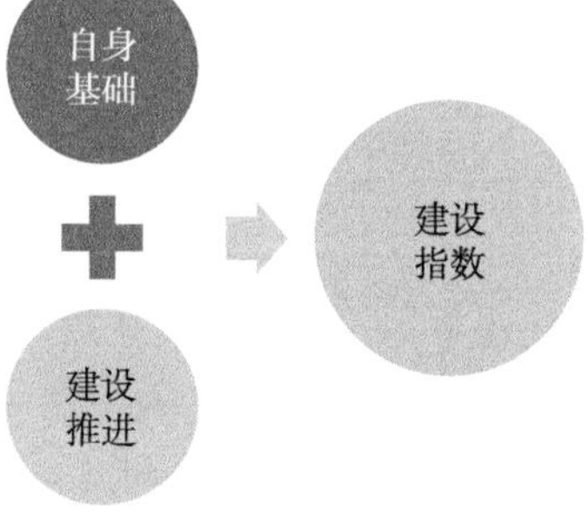

图 3-1　“一带一路”建设指数体系构成

二、“一带一路”建设指数的指标数据

表 3-1　“一带一路”建设指数指标构成及说明

指标名称	数据来源	备注
自身基础		
地区生产总值	国家统计局、各省区市统计局	
人均生产总值	国家统计局、各省区市统计局	
城镇化水平	国家统计局、各省区市统计局	
劳动年龄人口占比	国家统计局、各省区市统计局	计算而来
平均受教育年限	国家统计局、各省区市统计局	计算而来
受高等教育人口比重	国家统计局、各省区市统计局	
全社会固定资产投资	国家统计局、各省区市统计局	
社会消费品零售总额	国家统计局、各省区市统计局	
出口总额	国家统计局、各省区市统计局	
互联网普及率	国家统计局、各省区市统计局	
R&D 经费投入强度	国家统计局、各省区市统计局	计算而来
居民人均可支配收入	国家统计局、各省区市统计局	
居民消费水平	国家统计局、各省区市统计局	
建设推进		
对外贸易依存度	各省区市统计局	计算而来
对外非金融类直接投资流量	商务部、国家统计局、外汇管理局	
对外非金融类直接投资存量	商务部、国家统计局、外汇管理局	
直接投资存量平均增速	商务部、国家统计局、外汇管理局	计算而来
去往沿线国家国际航线	首页大数据平台	
中欧班列枢纽节点	国家发改委	
政策数量	各省区市政府网站	
航空货邮吞吐量	中国民用航空局	
水运货物周转量	各省区市统计局	
进出口总额平均增速	各省区市统计局	

续表

指标名称	数据来源	备注
入境旅游人数	各省区市统计局	
影响力	首页大数据平台	

表3-1中各指标说明如下：

地区生产总值：各省区市地区生产总值，用来衡量各省区市经济发展的规模水平。

人均生产总值：各省区市人均地区生产总值，用来衡量各省区市经济发展的人均水平。

城镇化水平：各省区市城镇人口占总人口的比重，用来衡量各省区市经济社会发展的水平。

劳动年龄人口占比：各省区市15~64岁人口占总人口的比重，用来衡量各省区市经济社会发展的活力。

平均受教育年限：各省区市人口的平均接受教育的年数，用来衡量各省区市劳动人口的受教育水平。

受高等教育人口比重：各省区市人口中大专及以上学历人口占总人口的比重，用来衡量各省区市经济社会转型升级的发展潜力。

全社会固定资产投资：投资是促进经济发展的“三驾马车”之一。

社会消费品零售总额：消费是促进经济发展的“三驾马车”之一。

出口总额：对外贸易是促进经济发展的“三驾马车”之一。

互联网普及率：各省区市使用互联网的人口占总人口的比重，用来衡量各省区市经济发展的效率水平。

R&D经费投入强度：各省区市研究与发展经费投入占地区生产总值的比重，用来衡量各省区市经济社会转型升级的发展潜力。

居民人均可支配收入：用来衡量各省区市居民的收入水平。

居民消费水平：用来衡量各省区市居民的消费能力。

对外贸易依存度：对外贸易依存度又称为对外贸易系数，是指进出口总额占地区生产总值的比重。对外贸易依存度反映某地对国际市场的依赖程度，是衡量对外开放程度的重要指标。

对外非金融类直接投资流量：等于当期对外直接投资总额减去当期境外企业对境内投资者的反向投资。

对外非金融类直接投资存量：等于年末对外直接投资总额减去境外企业累计对境内投资者的反向投资。

直接投资存量平均增速：对外非金融类直接投资存量 2013 年至 2015 年年均增速。

去往沿线国家国际航线：各省区市全部机场去往“一带一路”沿线国家的国际航线数量。

中欧班列枢纽节点：《中欧班列建设发展规划（2016—2020 年）》中的中欧班列枢纽节点。

政策数量：各省区市为推进“一带一路”建设而出台的政策措施。

航空货邮吞吐量：各省区市全部机场的航空货邮吞吐量。

水运货物周转量：由各种水路运输工具实际完成的货物运量与相应的运送距离的乘积。

进出口总额平均增速：各省区市 2013 年至 2016 年进出口总额年均增速。

入境旅游人数：各省区市入境旅游人数。

影响力：各省区市参与“一带一路”建设的总体信息量。

第三节 “一带一路”连通指数的指标

一、“一带一路”连通指数的指标体系

“一带一路”倡议中两国的“五通”建设必须以各地经济社会的发展作为支撑，没有基础支撑，“五通”建设即为无本之木。“一带一路”连通指数包括两个维度：自身基础维度评价各沿线国家自身经济发展现状；五通建设维度又分为五个维度，分别评价沿线国家在参与“一带一路”倡议时，在政

策沟通、设施联通、贸易畅通、资金融通、民心相通等“五通”方面的现状，之后五个维度指数合成五通建设维度指数（见图 3-2）。

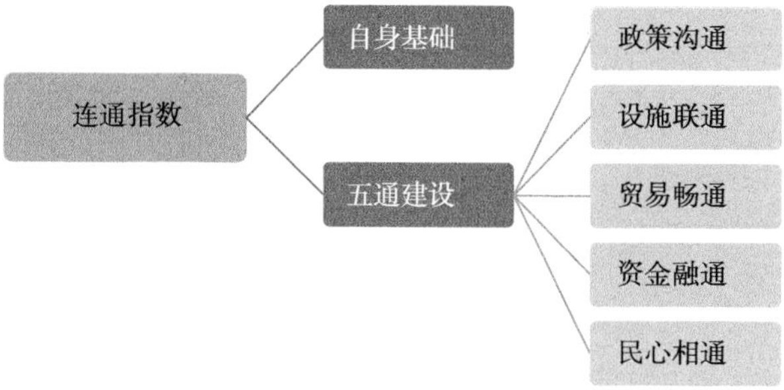

图 3-2 “一带一路”连通指数体系构成

二、“一带一路”连通指数的指标数据

表 3-2 “一带一路”连通指数指标构成及说明

指标名称	数据来源	备注
自身基础		
劳动年龄人口占比	国际货币基金组织、世界银行、联合国统计署	
国内生产总值	国际货币基金组织、世界银行、联合国统计署	
人均国内生产总值	国际货币基金组织、世界银行、联合国统计署	
国民总收入（PPP）	国际货币基金组织、世界银行、联合国统计署	
人均国民收入（PPP）	国际货币基金组织、世界银行、联合国统计署	
人口	国际货币基金组织、世界银行、联合国统计署	
表面积	国际货币基金组织、世界银行、联合国统计署	
贸易总额	国际货币基金组织、世界银行、联合国统计署	
对外贸易依存度	国际货币基金组织、世界银行、联合国统计署	
预期寿命	国际货币基金组织、世界银行、联合国统计署	
五通建设		
政策沟通		
相关文件	外交部、“一带一路”官网	

续表

指标名称	数据来源	备注
高层会晤	外交部	
设施联通		
口岸	中国口岸协会	
非经停国际航线数	首页大数据平台	
国际铁路	国家发展改革委、商务部、交通部	
能源管线	国家发展改革委、商务部、交通部	
重大项目数	商务部、“一带一路”官网	
贸易畅通		
双边贸易总额	国际货币基金组织	
双边贸易额占比	国际货币基金组织、世界银行、联合国统计署	计算而来
资金融通		
双边货币互换规模	中国人民银行	
对外直接投资存量	商务部	
民心相通		
每十万人孔子学院、学堂数	孔子学院官网	计算而来
出入境旅游人数	国家旅游局	
百度搜索指数	第三方平台	
国内外国留学生人数	教育部	

表3-2中各指标说明如下：

劳动年龄人口占比：沿线各国及地区15~64岁人口占总人口的比重，用来衡量沿线各国及地区经济社会发展的活力。

国内生产总值：沿线各国及地区国内生产总值，用来衡量沿线各国及地区经济发展的规模水平。

人均国内生产总值：沿线各国及地区人均国内生产总值，用来衡量沿线各国及地区经济发展的人均水平。

国民总收入（PPP）：购买力平价计算的沿线各国及地区人均国民总收

入，用来衡量沿线各国及地区经济发展的规模水平和沿线各国及地区居民的富足情况。

人均国民收入（PPP）：购买力平价计算的沿线各国及地区人均国民收入，用来衡量沿线各国及地区经济发展的人均水平和沿线各国及地区居民的富足情况。

人口：沿线各国及地区的总人口，用来衡量沿线各国及地区的市场规模。

表面积：沿线各国及地区的国家面积，用来衡量沿线各国及地区的资源水平。

贸易总额：沿线各国及地区的进出口总额，用来衡量沿线各国及地区的贸易规模。

对外贸易依存度：对外贸易依存度又称为对外贸易系数，是指进出口总额占国内生产总值的比重。对外贸易依存度反映某地对国际市场的依赖程度，是衡量对外开放程度的重要指标。

预期寿命：沿线各国及地区的人均期望寿命，用来衡量沿线各国及地区的经济社会发展水平及居民的生活质量。

相关文件：两国间是否签署“一带一路”建设备忘录，或在两国共同发布的联合声明中明确合作推进“一带一路”建设。

高层会晤：两国高层会晤频率。频繁的高层交往有助于国家间增进了解，以及对相关事务的沟通协调。

口岸：口岸是否连通。

非经停国际航线数：我国至“一带一路”各沿线国家的非经停国际航线数。

国际铁路：《中欧班列建设发展规划（2016—2020年）》中已有或拟建铁路通达的国家；《亚洲铁路网政府间协定》中泛亚铁路已有或拟建铁路通达的国家。

能源管线：是否有通达我国的能源管线。

重大项目数：“一带一路”官网及商务部网站公布的两国间“一带一路”

重大项目数。

双边贸易总额：两国间进出口总额。

双边贸易额占比：双边贸易总额占该国总贸易额的比重。

双边货币互换规模：我国与“一带一路”各沿线国家签署的双边本币互换协议中的双边本币互换数量。

对外直接投资存量：我国对“一带一路”各沿线国家对外直接投资总额减去境外企业累计对境内投资者的反向投资。

每十万人孔子学院、学堂数：“一带一路”各沿线国家每十万人拥有的孔子学院、学堂数。

出入境旅游人数：我国去往“一带一路”各沿线国家旅游的人数。

百度搜索指数：我国居民使用搜索引擎搜索“一带一路”沿线某国家的频率。

国内外国留学生人数：“一带一路”各沿线国家在我国的留学生人数。

第四节　“一带一路”倡议推进成效指数计算模型

一、基础指标数据集合

数据经过预处理后，得到数值型和字符型两种类型数据集，称为基础数据集合。数值型数据可以直接用于运算，字符型数据则需要转变成数值型数据后，方可投入运算。课题组先采用聚类、贝叶斯过滤等方法人工分析文本若干，作为训练样本，再运用机器学习的语义分析技术将字符型数据转变为数值型数据。

根据指标含义，将所有数据简单计算成指标数据，称为基础指标数据矩阵，记作 $A=\begin{pmatrix} a_{1,1} & \cdots & a_{1,n} \\ \vdots & \vdots & \vdots \\ a_{m,1} & \cdots & a_{m,n} \end{pmatrix}$。向量 $A_1=(a_{1,1},\ \cdots,\ a_{m,1})$ 表示第 1 个指

标的 m 个样本数据；向量 $A_n=(a_{1,n}, \cdots, a_{m,n})$ 表示第 n 个指标的 m 个样本数据。

二、数据标准化处理

由于各指标项下的数据数值差别较大，且量纲不同，为方便数据处理分析，消除由于各项指标的量纲不同及数值数量级间的悬殊差别带来的影响，需对各项指标进行标准化处理。本书采用极值化方法通过变量取值的最大值和最小值将原始数据转换为位于［0，1］区间的数据，从而消除量纲和数量级的影响。

对基础指标数据矩阵 A 进行标准化处理，标准化后的基础指标数据矩阵记为：$B=\begin{pmatrix} b_{1,1} & \cdots & b_{1,n} \\ \vdots & \vdots & \vdots \\ b_{m,1} & \cdots & b_{m,n} \end{pmatrix}$，$b_{i,j}\in[0, 1]$，以保证各指标间可以直接进行计算。

三、指标计算模型

统计学中，在计算平均数等指标时，对各个变量值具有权衡轻重作用的数值称为权数，业界还称之为权重、修正系数、加权系数、权衡系数等。在计算若干个数量指标时，为了使每个数量在总量中所具有的重要性不同，可以赋予不同的权数，即赋权、加权。在评价体不存在评价主体分别对多个基础指标的赋权信息时，对这些基础指标赋予同样的权重是近似最优赋权方法；在实践中，众多国际组织及研究机构构建的评价指标体系多采用均权法。本研究指数中的基础指标层级也采用均权计算合成。即：

$$Z_r=\sum B_{ri}\times W_{ri}$$

其中，Z_r为第 r 个维度的指数；B_{ri}为第 r 个维度第 i 个变量指标数据标准化后的值；W_{ri}为第 r 个维度第 i 个变量指标的权重，$W_{ri}=1/N_r$，N_r 为 r 维度的指标个数。

四、指数计算模型

对于拥有多个维度的指数，在合成时，课题组依然采用均权法。为符合日常使用习惯，以及方便理解和数值比较，指数合成时进行了百分制处理。即：

$$Z = 100 \times \sum Z_r \times W_r$$

其中，Z_r为第 r 个维度的指数，W_r为维度 r 的权重，$W_r \in [0, 1]$。

第四章
2016 年“一带一路”倡议推进成效指数

第一节　国内相关省区市“一带一路”建设指数

一、国内相关省区市“一带一路”建设指数

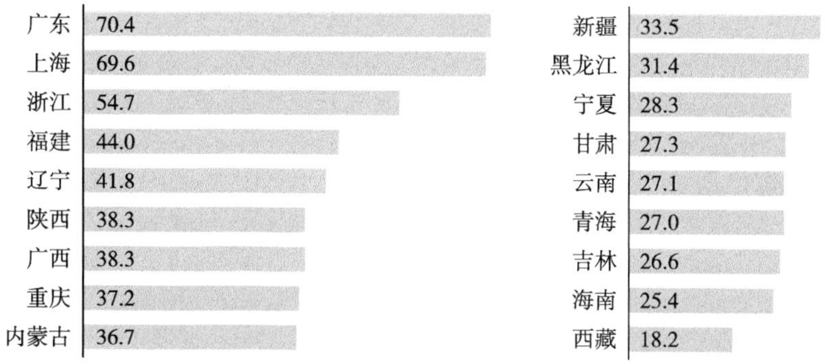

图 4-1　国内相关省区市“一带一路”建设指数

2016 年国内相关省区市“一带一路”建设指数，广东和上海最为突出，分别为 70.4 和 69.6；浙江位列第三，为 54.7；福建、辽宁分列第四、第五位，分别为 44.0 和 41.8（见图 4-1）。

二、国内相关省区市“一带一路”建设指数维度分析

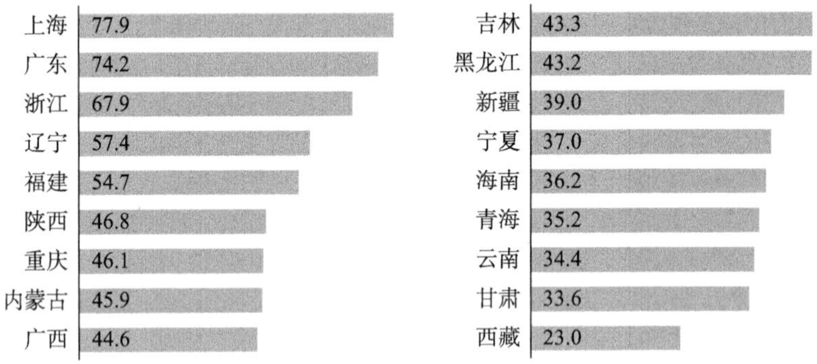

图 4-2　国内相关省区市“一带一路”建设指数自身基础维度

2016 年国内相关省区市“一带一路”建设指数自身基础维度，上海、广东和浙江分列前三位，分别为 77.9、74.2 和 67.9；辽宁和福建分列第四、第五位，分别为 57.4 和 54.7（见图 4-2）。

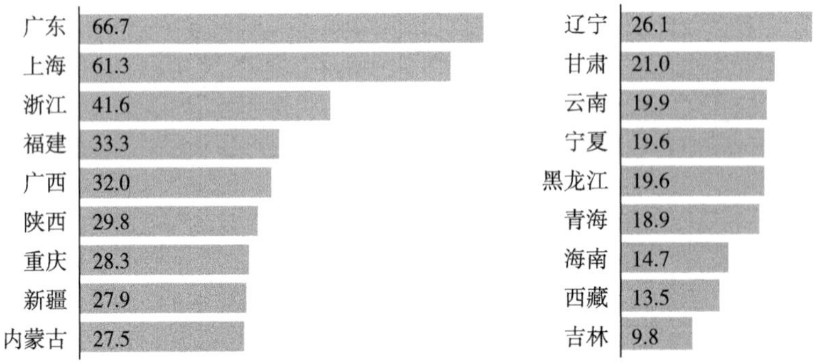

图 4-3　国内相关省区市“一带一路”建设指数建设推进维度

2016 年国内相关省区市“一带一路”建设指数建设推进维度，广东和上海最为突出，分别为 66.7 和 61.3；浙江、福建和广西分列第三、第四、第五位，分别为 41.6、33.3 和 32.0（见图 4-3）。

三、国内相关省区市“一带一路”建设指数构成分析

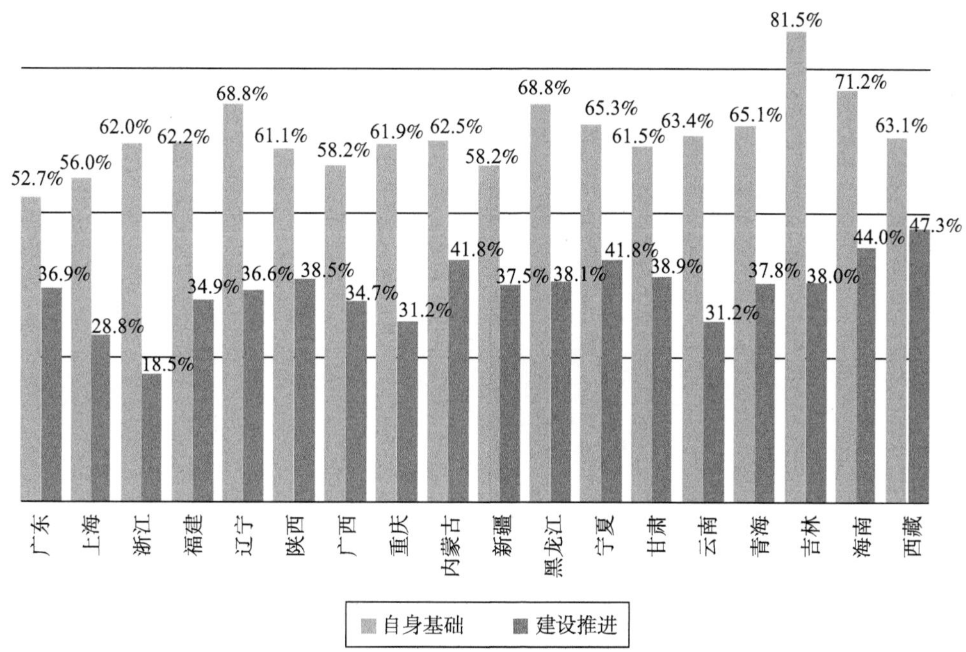

图 4-4 国内相关省区市“一带一路”建设指数构成

2016 年国内相关省区市“一带一路”建设指数构成中，“一带一路”建设指数最高的广东的自身基础维度占比和建设推进维度占比较为接近，说明广东的“一带一路”建设与自身经济发展结合较好，发展较为均衡；上海、广西和新疆的“一带一路”建设指数构成也比较均衡；而吉林和海南的“一带一路”建设与自身经济发展未能很好结合，建设推进维度占比相对较低（见图 4-4）。国内相关省区市在推进“一带一路”建设时，务必结合自身经济社会发展现状与特点才能实现良好效果，才能实现自身经济社会发展与“一带一路”建设的双赢局面。

四、国内相关省区市“一带一路”建设指数矩阵分析

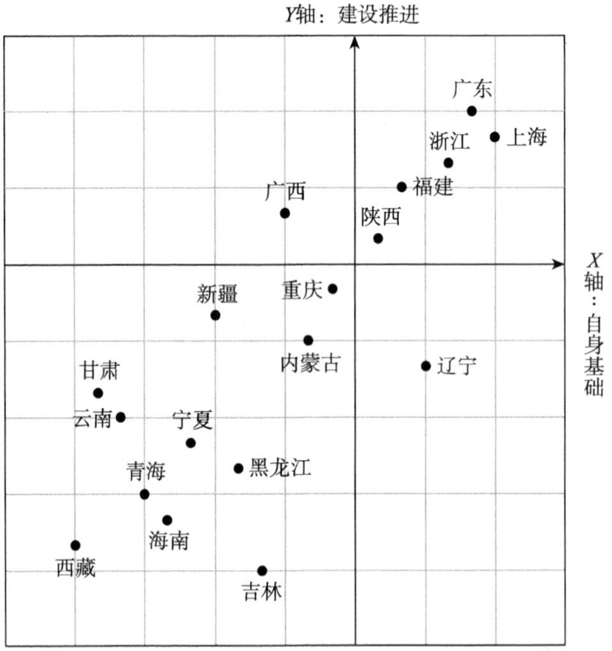

图 4-5 国内相关省区市“一带一路”建设指数矩阵分析

以“一带一路”建设指数的自身基础和建设推进两个维度组成矩阵，以两个维度的平均值交叉点为 0 点，以国内相关省区市指数排序（高于指数平均值为正数，低于指数平均值为负数）为观测值，构成四个象限，以分别代表不同的评价标准，反映国内相关省区市在推进“一带一路”建设时的比较优势（见图 4-5）。

第一象限：推进“一带一路”建设的先进地区。这类地区在自身基础和建设推进两个维度的指数排名中均为正数，说明这类地区自身基础和建设推进两个维度的发展水平均高于平均水平，是推进“一带一路”建设现状较为先进的地区。这类地区包括广东、上海、浙江、福建和陕西。

第二象限：推进“一带一路”建设的积极地区。这类地区在自身基础维

度的指数排名中为负数，在建设推进维度的指数排名中为正数，说明这类地区自身基础维度的发展低于平均水平，但建设推进维度的发展高于平均水平，是积极推进“一带一路”建设的地区。这类地区包括广西。

第三象限：推进“一带一路”建设待改善地区。这类地区在自身基础和建设推进两个维度的指数排名中均为负数，说明这类地区自身基础和建设推进两个维度的发展水平均低于平均水平，是推进“一带一路”建设涉及的各方面均有待改善的地区。这类地区包括重庆、新疆、内蒙古、甘肃、云南、宁夏、黑龙江、青海、海南、西藏和吉林。

第四象限：推进“一带一路”建设的潜力地区。这类地区在自身基础维度的指数排名中为正数，在建设推进维度的指数排名中为负数。说明这类地区自身基础维度的发展高于平均水平，但建设推进维度的发展低于平均水平，是推进“一带一路”建设潜力尚未充分挖掘的地区。这类地区包括辽宁。

第二节　沿线国家“一带一路”连通指数

一、沿线国家“一带一路”连通指数

图 4-6　沿线国家“一带一路”连通指数

2016 年沿线国家“一带一路”连通指数，俄罗斯和新加坡最为突出，分别为 51.6 和 50.7；印度居第三位，为 42.6；泰国、马来西亚、越南、卡塔尔、印度尼西亚、阿拉伯联合酋长国、哈萨克斯坦、沙特阿拉伯、巴基斯坦和吉尔吉斯斯坦在 30 至 40。从整体上来看，东盟国家连通指数较高，其他地区及组织仅个别国家的连通指数较为突出（见图 4-6）。

二、沿线国家“一带一路”连通指数维度分析

图 4-7　沿线国家“一带一路”连通指数自身基础维度

2016 年沿线国家“一带一路”连通指数自身基础维度，人口众多、经济总量较大，且近年来经济社会发展较为迅速的印度最高，为 56.6；其次为新加坡，其经济发展水平较高，且对外贸易极为发达，为 50.4；第三位为俄罗斯，其幅员辽阔、资源丰富，经济总量也较高，为 48.4；其他“一带一路”五通建设中自身基础较好的国家还有卡塔尔、阿拉伯联合酋长国、沙特阿拉伯、科威特、波兰、印度尼西亚、泰国、捷克、土耳其、马来西亚、文莱、越南和斯洛伐克等（见图 4-7）。

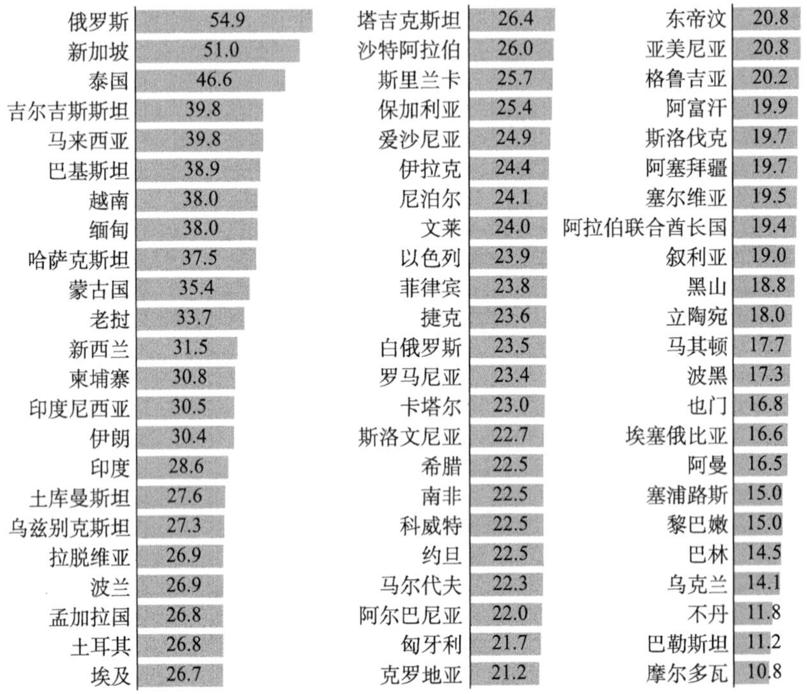

图 4-8　沿线国家“一带一路”连通指数五通建设维度

2016 年沿线国家“一带一路”连通指数五通建设维度，与我国高层会晤最多、能源及其他领域合作广泛的俄罗斯最高，为 54.9；其次是在对外贸易和投资等领域发展十分先进的新加坡，为 51.0；第三位是近年来在贸易、基础设施、旅游等领域与我国合作十分深入的泰国，为 46.6；其他“一带一路”五通建设较为先进的国家还有吉尔吉斯斯坦、马来西亚、巴基斯坦、越南、缅甸、哈萨克斯坦、蒙古国、老挝、新西兰、柬埔寨、印度尼西亚和伊朗等（见图 4-8）。

三、沿线国家“一带一路”五通建设维度分析

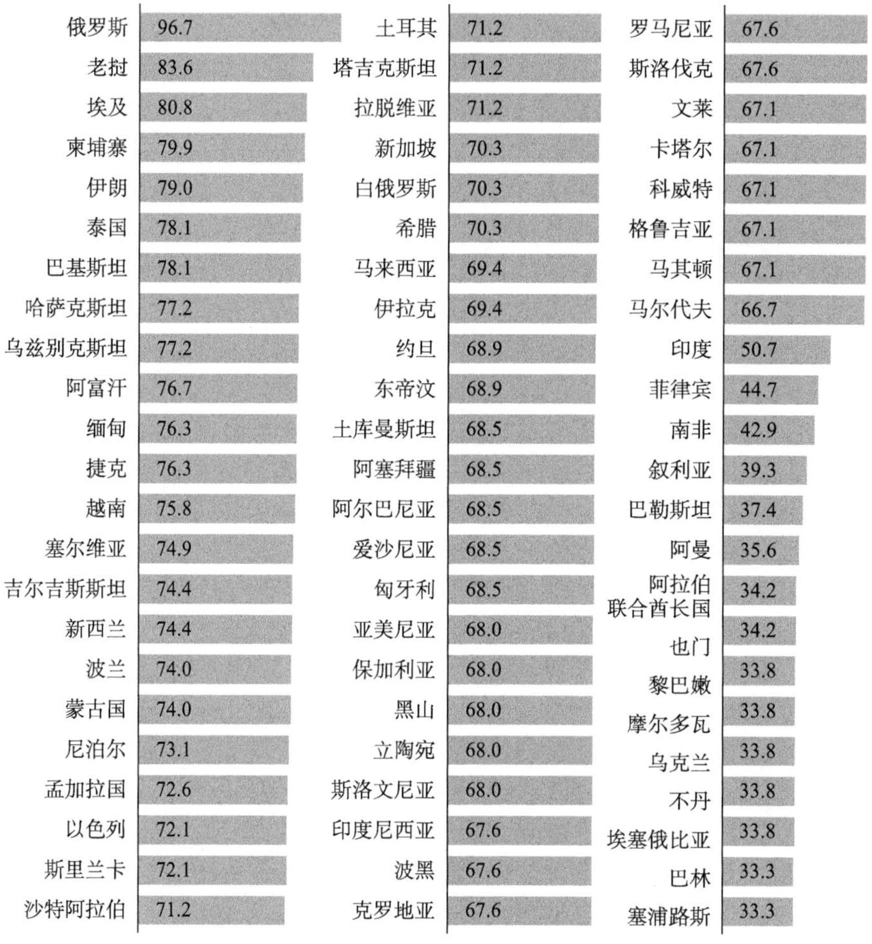

图 4-9　沿线国家连通指数维度分析——政策沟通

2016 年沿线国家“一带一路”五通建设维度政策沟通方面，俄罗斯指数最高，为 96.7。俄罗斯近年来与我国互动频繁，高层交往不断，两国互信不断增强，各领域合作均达到较高水平，且中蒙俄签署了《建设中蒙俄经济走

廊规划纲要》这一推动“一带一路”互联互通的规划性文件。老挝和埃及分列第二、第三位，指数分别为 83.6 和 80.8。两国近年来均与我国高层交往比较频繁，且均签署了推进“一带一路”互联互通的相关文件（见图 4-9）。

图 4-10　沿线国家连通指数维度分析——设施联通

2016 年沿线国家“一带一路”五通建设维度设施连通方面，俄罗斯指数最高，为 86.9。中俄两国接壤，在公路、铁路、能源设施连通等方面有着天然的优势，且两国间重大项目合作最多。之后为哈萨克斯坦和巴基斯坦，指数分别为 79.8 和 76.7。与俄罗斯相似，两国也均与我国接壤，在基础设施和能源设施连通方面优势明显，且均与我国有较多的项目合作。从整体上来看，与我国接壤的国家因天然的地理优势在设施连通方面均比较突出，而未来随着各国经济进一步发展、对外贸易需求的不断增加，航空、水运等领域的设施连通发展潜力巨大（见图 4-10）。

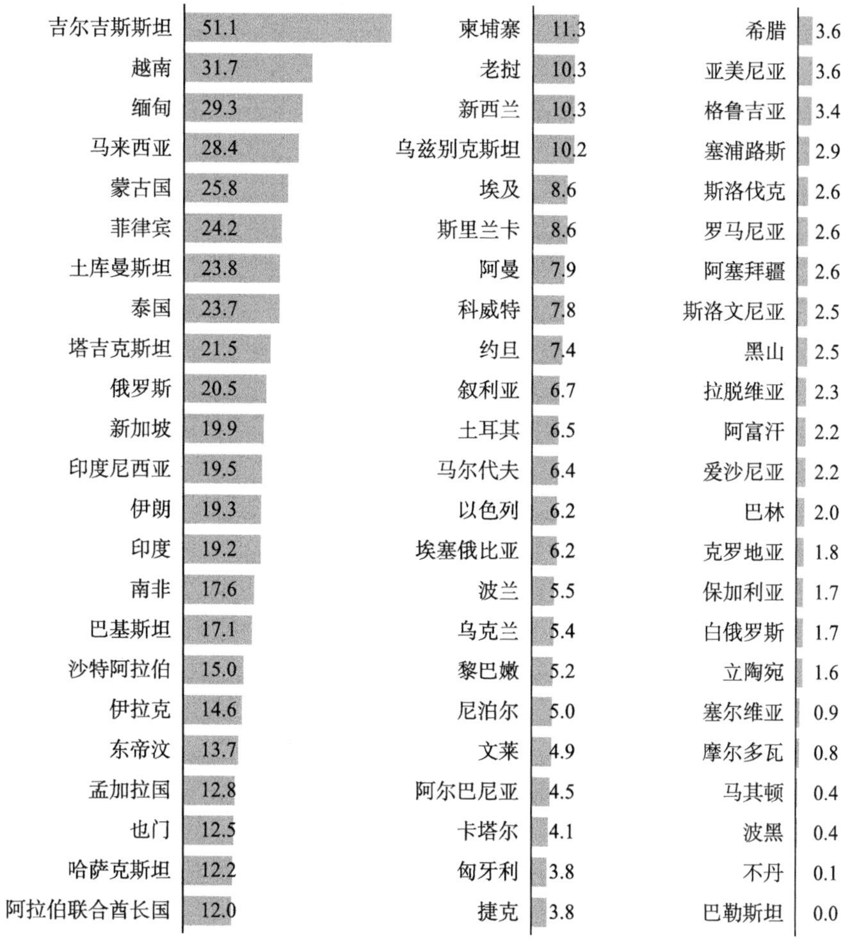

图 4-11　沿线国家连通指数维度分析——贸易畅通

2016 年沿线国家“一带一路”五通建设维度贸易畅通方面，吉尔吉斯斯坦指数最高，为 51.1。中吉两国间虽然贸易规模较小，但两国间贸易额占吉尔吉斯斯坦贸易总额的比重最高。其次为越南，指数为 31.7，中越间贸易规模较大，且中越贸易额占越南贸易总额比重较高。第三位为缅甸，指数为

29.3，缅甸较为依赖同中国的贸易，中缅贸易额在缅甸贸易总额中占有过半比重。其他在贸易畅通方面指数较高的国家还有马来西亚、蒙古国、菲律宾、土库曼斯坦、泰国、塔吉克斯坦和俄罗斯等（见图 4-11）。

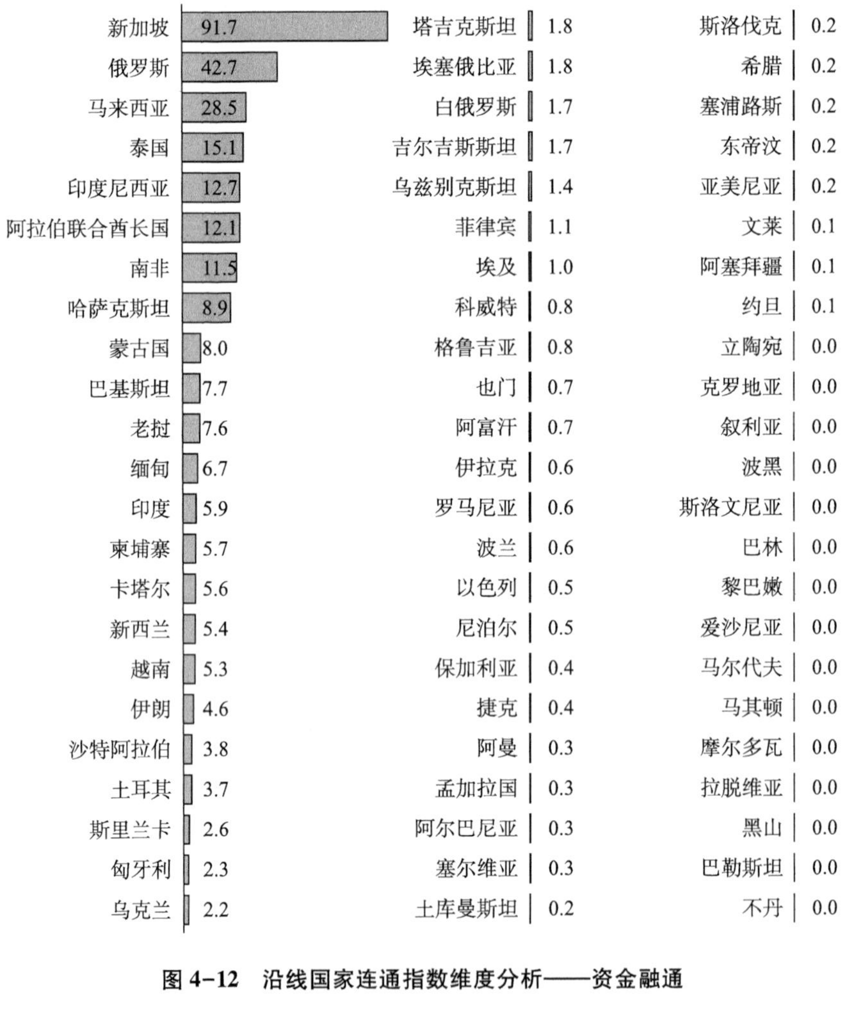

图 4-12　沿线国家连通指数维度分析——资金融通

2016 年沿线国家“一带一路”五通建设维度资金融通方面，新加坡指数最高，为 91.7。我国在新加坡有着最高的对外直接投资存量，且两国间货币互换规模也较大。之后是俄罗斯和马来西亚，指数分别为 42.7 和 28.5。我国在两国的投资存量均较高，且货币互换规模也均较大。其他在资金融通方面指数较高的国家还有泰国、印度尼西亚、阿拉伯联合酋长国和南非等（见图 4-12）。

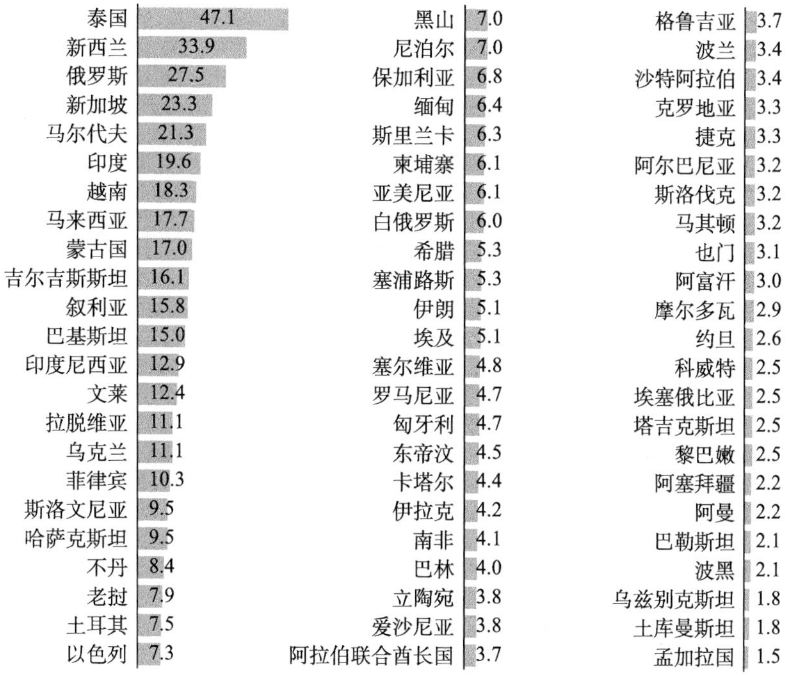

图 4-13　沿线国家连通指数维度分析——民心相通

2016 年沿线国家“一带一路”五通建设维度民心相通方面，泰国指数最高，为 47.1。近年来，随着居民收入的不断提高，我国出境旅游的人数逐年增长，而泰国恰是我国居民境外旅游的主要目的地之一，并且近年来越来越多的泰国青年来我国留学。其次是新西兰，指数为 33.9。新西兰有着最高的孔子学院和孔子学堂的覆盖率，且我国居民主动了解新西兰的意愿较强。第三位是俄罗斯，指数为 27.5。我国居民主动了解俄罗斯的意愿较强，且在我国的俄罗斯留学生数量较多（见图 4-13）。

四、沿线国家“一带一路”连通指数构成分析

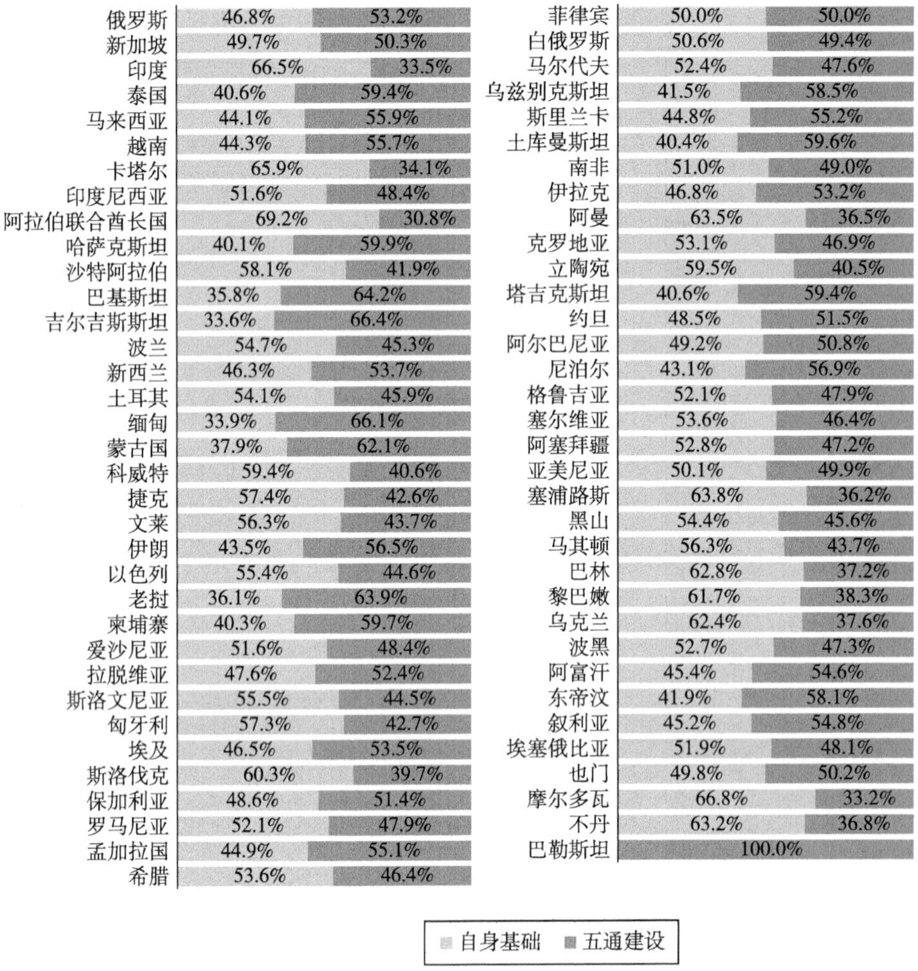

图 4-14　沿线国家“一带一路”连通指数构成

分析 2016 年沿线国家“一带一路”连通指数构成发现，在指数较高的国家中，俄罗斯、新加坡和印度尼西亚的连通指数构成比较均衡。印度、卡塔尔和阿拉伯联合酋长国则自身基础占比远高于五通建设，这说明这几个国家在“一带一路”五通建设中自身基础较好，但因各种原因未能在五通建设方

面取得明显进展。泰国、马来西亚、越南、哈萨克斯坦、巴基斯坦、吉尔吉斯斯坦等国家的五通建设占比远高于自身基础，说明这些国家在“一带一路”五通建设中非常积极，对“一带一路”倡议为本国经济社会发展带来的积极影响抱有很高期望（见图 4-14）。

五、沿线国家“一带一路”连通指数矩阵分析

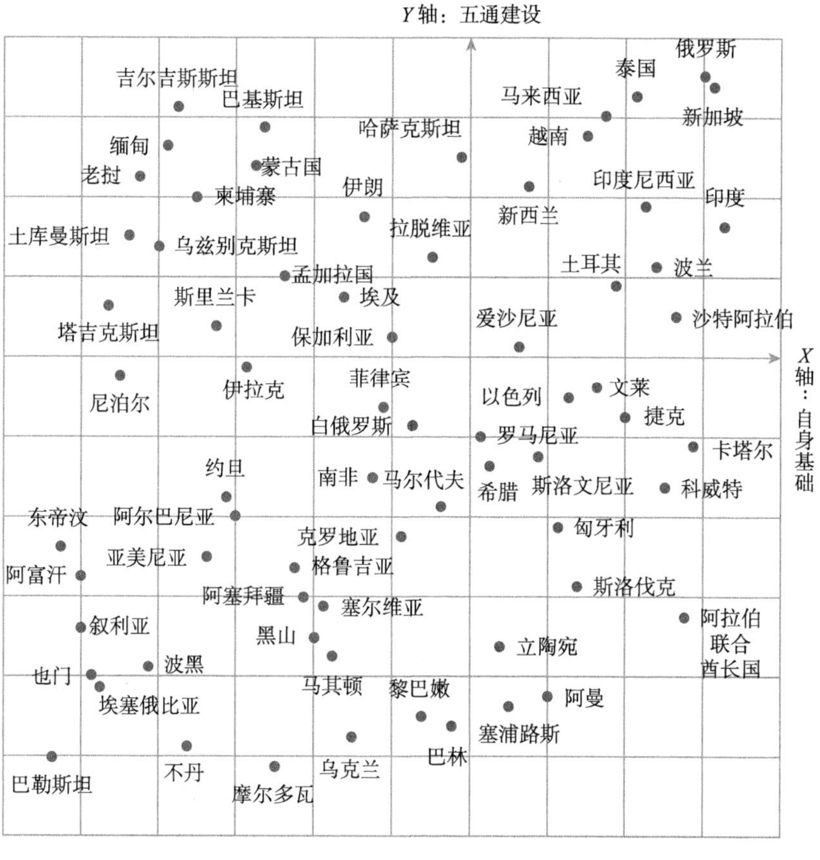

图 4-15　沿线国家“一带一路”连通指数矩阵分析

以“一带一路”连通指数的自身基础和五通建设两个维度组成矩阵，以两个维度的平均值交叉点为 0 点，以沿线国家指数排序（高于指数平均值为正数，低于指数平均值为负数）为观测值，构成四个象限，以分别代表不同的评价标准，

反映沿线国家在推进“一带一路”五通建设时的比较优势（见图4-15）。

第一象限：“一带一路”五通建设的先进国家。这类国家在自身基础和五通建设两个维度的指数排名中均为正数，这说明这类国家在自身基础和五通建设两个维度的发展水平均高于平均水平，是“一带一路”五通建设较为先进的国家。这类国家包括俄罗斯、新加坡、泰国、马来西亚、越南、新西兰、印度尼西亚、印度、波兰、土耳其、沙特阿拉伯和爱沙尼亚。

第二象限：“一带一路”五通建设的积极国家。这类国家在自身基础维度的指数排名中为负数，在五通建设维度的指数排名中为正数，这说明这类国家自身基础维度的发展低于平均水平，但五通建设维度的发展高于平均水平，是积极推进“一带一路”五通建设的国家。这类国家包括吉尔吉斯斯坦、巴基斯坦、缅甸、哈萨克斯坦、蒙古国、老挝、柬埔寨、伊朗、土库曼斯坦、乌兹别克斯坦、拉脱维亚、孟加拉国、埃及、塔吉克斯坦、斯里兰卡和保加利亚。

第三象限：“一带一路”五通建设待改善国家。这类国家在自身基础和五通建设两个维度的指数排名中均为负数，这说明这类国家自身基础和五通建设两个维度的发展水平均低于平均水平，是“一带一路”五通建设涉及的各方面均有待改善的国家。这类国家包括伊拉克、尼泊尔、菲律宾、白俄罗斯、南非、约旦、马尔代夫、阿尔巴尼亚、克罗地亚、东帝汶、亚美尼亚、格鲁吉亚、阿富汗、阿塞拜疆、塞尔维亚、叙利亚、黑山、马其顿、波黑、也门、埃塞俄比亚、黎巴嫩、巴林、乌克兰、不丹、巴勒斯坦和摩尔多瓦。

第四象限：“一带一路”五通建设的潜力国家。这类国家在自身基础维度的指数排名中为正数，在五通建设维度的指数排名中为负数，这说明这类国家自身基础维度的发展高于平均水平，但五通建设维度的发展低于平均水平，是“一带一路”五通建设潜力尚未充分挖掘的国家。这类国家包括文莱、以色列、捷克、罗马尼亚、卡塔尔、斯洛文尼亚、希腊、科威特、匈牙利、阿拉伯联合酋长国、斯洛伐克、立陶宛、阿曼、塞浦路斯。

资料来源及数据列表

一、主要参考文献

[1] 曹辛．中国“一带一路”落实亟需细节［N］．金融时报，2015-06-19.

[2] 国家发展改革委，外交部，商务部．推动共建丝绸之路经济带和21世纪海上丝绸之路的愿景与行动［Z］．2015.

[3] 剧锦文．“一带一路”战略的意义、机遇与挑战［N］．经济日报，2015-04-02.

[4] 乔良．美国人对“一带一路”的战略思考［N］．财经内参，2015-10-03.

[5] 冯宗宪．“一带一路”构想的战略意义［N］．光明日报，2014-10-20（11）．

[6] 崔景明，王建．“一带一路”：中国外交大战略［J］．时事报告，2015（1）．

[7] 袁新涛．“一带一路”建设的国家战略分析［J］．理论月刊，2014（11）：5-9.

[8] 钱津．地方如何应对“一带一路”国家战略［J］．区域经济评论，2015（3）：52-57.

[9] 黄益平．中国经济外交新战略下的“一带一路”［J］．国际经济评论，2015（1）：48-53+5.

[10] 邹嘉龄，刘春腊，尹国庆，唐志鹏．中国与“一带一路”沿线国家贸易格局及其经济贡献［J］．地理科学进展，2015（5）：598-605.

二、数据列表

（一）“一带一路”建设指数总表

序号	省区市	建设指数	自身基础	建设推进
1	内蒙古	36.7	45.9	27.5
2	辽宁	41.8	57.4	26.1
3	吉林	26.6	43.3	9.8
4	黑龙江	31.4	43.2	19.6
5	上海	69.6	77.9	61.3
6	浙江	54.7	67.9	41.6
7	福建	44.0	54.7	33.3
8	广东	70.4	74.2	66.7
9	广西	38.3	44.6	32.0
10	海南	25.4	36.2	14.7
11	重庆	37.2	46.1	28.3
12	云南	27.1	34.4	19.9
13	西藏	18.2	23.0	13.5
14	陕西	38.3	46.8	29.8
15	甘肃	27.3	33.6	21.0
16	青海	27.0	35.2	18.9
17	宁夏	28.3	37.0	19.6
18	新疆	33.5	39.0	27.9

（二）“一带一路”建设指数构成总表

单位：%

序号	省区市	自身基础	建设推进
1	内蒙古	62.5	37.5
2	辽宁	68.8	31.2
3	吉林	81.5	18.5
4	黑龙江	68.8	31.2

续表

序号	省区市	自身基础	建设推进
5	上海	56.0	44.0
6	浙江	62.0	38.0
7	福建	62.2	37.8
8	广东	52.7	47.3
9	广西	58.2	41.8
10	海南	71.2	28.8
11	重庆	61.9	38.1
12	云南	63.4	36.6
13	西藏	63.1	36.9
14	陕西	61.1	38.9
15	甘肃	61.5	38.5
16	青海	65.1	34.9
17	宁夏	65.3	34.7
18	新疆	58.2	41.8

（三）"一带一路"连通指数总表

序号	国家	连通指数	自身基础	五通建设
1	菲律宾	23.8	23.8	23.8
2	柬埔寨	25.8	20.8	30.8
3	老挝	26.4	19.0	33.7
4	马来西亚	35.6	31.4	39.8
5	缅甸	28.8	19.5	38.0
6	泰国	39.2	31.9	46.6
7	文莱	27.5	31.0	24.0
8	新加坡	50.7	50.4	51.0
9	印度尼西亚	31.5	32.5	30.5
10	越南	34.1	30.2	38.0
11	阿拉伯联合酋长国	31.4	43.4	19.4

续表

序号	国家	连通指数	自身基础	五通建设
12	阿曼	22.6	28.7	16.5
13	巴勒斯坦	5.6	0.0	11.2
14	巴林	19.6	24.6	14.5
15	卡塔尔	33.6	44.3	23.0
16	科威特	27.7	32.9	22.5
17	黎巴嫩	19.5	24.1	15.0
18	塞浦路斯	20.7	26.5	15.0
19	沙特阿拉伯	31.1	36.1	26.0
20	土耳其	29.2	31.6	26.8
21	叙利亚	17.4	15.7	19.0
22	也门	16.7	16.7	16.8
23	伊拉克	23.0	21.5	24.4
24	伊朗	26.9	23.4	30.4
25	以色列	26.8	29.7	23.9
26	约旦	21.8	21.2	22.5
27	埃及	24.9	23.1	26.7
28	哈萨克斯坦	31.3	25.1	37.5
29	吉尔吉斯斯坦	30.0	20.1	39.8
30	塔吉克斯坦	22.2	18.0	26.4
31	土库曼斯坦	23.2	18.7	27.6
32	乌兹别克斯坦	23.4	19.4	27.3
33	阿塞拜疆	20.9	22.1	19.7
34	白俄罗斯	23.8	24.1	23.5
35	俄罗斯	51.6	48.4	54.9
36	格鲁吉亚	21.1	22.0	20.2
37	摩尔多瓦	16.3	21.8	10.8
38	乌克兰	18.7	23.3	14.1
39	亚美尼亚	20.8	20.9	20.8
40	阿尔巴尼亚	21.6	21.3	22.0

续表

序号	国家	连通指数	自身基础	五通建设
41	爱沙尼亚	25.7	26.6	24.9
42	保加利亚	24.7	24.0	25.4
43	波黑	18.3	19.4	17.3
44	波兰	29.7	32.5	26.9
45	黑山	20.7	22.5	18.8
46	捷克	27.7	31.8	23.6
47	克罗地亚	22.6	24.0	21.2
48	拉脱维亚	25.7	24.5	26.9
49	立陶宛	22.2	26.4	18.0
50	罗马尼亚	24.5	25.5	23.4
51	马其顿	20.2	22.7	17.7
52	塞尔维亚	21.0	22.5	19.5
53	斯洛伐克	24.9	30.0	19.7
54	斯洛文尼亚	25.5	28.3	22.7
55	匈牙利	25.4	29.1	21.7
56	阿富汗	18.2	16.5	19.9
57	巴基斯坦	30.3	21.7	38.9
58	不丹	16.0	20.3	11.8
59	马尔代夫	23.4	24.5	22.3
60	孟加拉国	24.4	21.9	26.8
61	尼泊尔	21.1	18.2	24.1
62	斯里兰卡	23.3	20.9	25.7
63	印度	42.6	56.6	28.6
64	蒙古国	28.5	21.7	35.4
65	东帝汶	17.9	15.0	20.8
66	希腊	24.3	26.0	22.5
67	埃塞俄比亚	17.3	17.9	16.6
68	南非	23.0	23.5	22.5
69	新西兰	29.3	27.2	31.5

（四）“一带一路”连通指数构成总表

单位：%

序号	国家	自身基础	五通建设
1	菲律宾	50.0	50.0
2	柬埔寨	40.3	59.7
3	老挝	36.1	63.9
4	马来西亚	44.1	55.9
5	缅甸	33.9	66.1
6	泰国	40.6	59.4
7	文莱	56.3	43.7
8	新加坡	49.7	50.3
9	印度尼西亚	51.6	48.4
10	越南	44.3	55.7
11	阿拉伯联合酋长国	69.2	30.8
12	阿曼	63.5	36.5
13	巴勒斯坦	0.0	100.0
14	巴林	62.8	37.2
15	卡塔尔	65.9	34.1
16	科威特	59.4	40.6
17	黎巴嫩	61.7	38.3
18	塞浦路斯	63.8	36.2
19	沙特阿拉伯	58.1	41.9
20	土耳其	54.1	45.9
21	叙利亚	45.2	54.8
22	也门	49.8	50.2
23	伊拉克	46.8	53.2
24	伊朗	43.5	56.5
25	以色列	55.4	44.6
26	约旦	48.5	51.5
27	埃及	46.5	53.5

续表

序号	国家	自身基础	五通建设
28	哈萨克斯坦	40.1	59.9
29	吉尔吉斯斯坦	33.6	66.4
30	塔吉克斯坦	40.6	59.4
31	土库曼斯坦	40.4	59.6
32	乌兹别克斯坦	41.5	58.5
33	阿塞拜疆	52.8	47.2
34	白俄罗斯	50.6	49.4
35	俄罗斯	46.8	53.2
36	格鲁吉亚	52.1	47.9
37	摩尔多瓦	66.8	33.2
38	乌克兰	62.4	37.6
39	亚美尼亚	50.1	49.9
40	阿尔巴尼亚	49.2	50.8
41	爱沙尼亚	51.6	48.4
42	保加利亚	48.6	51.4
43	波黑	52.7	47.3
44	波兰	54.7	45.3
45	黑山	54.4	45.6
46	捷克	57.4	42.6
47	克罗地亚	53.1	46.9
48	拉脱维亚	47.6	52.4
49	立陶宛	59.5	40.5
50	罗马尼亚	52.1	47.9
51	马其顿	56.3	43.7
52	塞尔维亚	53.6	46.4
53	斯洛伐克	60.3	39.7
54	斯洛文尼亚	55.5	44.5
55	匈牙利	57.3	42.7
56	阿富汗	45.4	54.6

续表

序号	国家	自身基础	五通建设
57	巴基斯坦	35. 8	64. 2
58	不丹	63. 2	36. 8
59	马尔代夫	52. 4	47. 6
60	孟加拉国	44. 9	55. 1
61	尼泊尔	43. 1	56. 9
62	斯里兰卡	44. 8	55. 2
63	印度	66. 5	33. 5
64	蒙古国	37. 9	62. 1
65	东帝汶	41. 9	58. 1
66	希腊	53. 6	46. 4
67	埃塞俄比亚	51. 9	48. 1
68	南非	51. 0	49. 0
69	新西兰	46. 3	53. 7

（五）“一带一路”连通指数五通建设维度总表

序号	国家	政策沟通	设施联通	贸易畅通	资金融通	民心相通
1	菲律宾	44. 7	38. 5	24. 2	1. 1	10. 3
2	柬埔寨	79. 9	50. 9	11. 3	5. 7	6. 1
3	老挝	83. 6	59. 1	10. 3	7. 6	7. 9
4	马来西亚	69. 4	54. 9	28. 4	28. 5	17. 7
5	缅甸	76. 3	71. 4	29. 3	6. 7	6. 4
6	泰国	78. 1	68. 7	23. 7	15. 1	47. 1
7	文莱	67. 1	35. 5	4. 9	0. 1	12. 4
8	新加坡	70. 3	49. 8	19. 9	91. 7	23. 3
9	印度尼西亚	67. 6	40. 1	19. 5	12. 7	12. 9
10	越南	75. 8	59. 0	31. 7	5. 3	18. 3
11	阿拉伯联合酋长国	34. 2	34. 8	12. 0	12. 1	3. 7
12	阿曼	35. 6	36. 5	7. 9	0. 3	2. 2

续表

序号	国家	政策沟通	设施联通	贸易畅通	资金融通	民心相通
13	巴勒斯坦	37.4	16.7	0.0	0.0	2.1
14	巴林	33.3	33.3	2.0	0.0	4.0
15	卡塔尔	67.1	33.6	4.1	5.6	4.4
16	科威特	67.1	34.4	7.8	0.8	2.5
17	黎巴嫩	33.8	33.4	5.2	0.0	2.5
18	塞浦路斯	33.3	33.3	2.9	0.2	5.3
19	沙特阿拉伯	71.2	36.6	15.0	3.8	3.3
20	土耳其	71.2	44.9	6.5	3.7	7.5
21	叙利亚	39.3	33.3	6.7	0.0	15.8
22	也门	34.2	33.4	12.5	0.7	3.0
23	伊拉克	69.4	33.4	14.6	0.6	4.2
24	伊朗	79.0	44.0	19.3	4.6	5.1
25	以色列	72.1	33.5	6.2	0.5	7.3
26	约旦	68.9	33.3	7.4	0.1	2.6
27	埃及	80.8	37.7	8.6	1.0	5.1
28	哈萨克斯坦	77.2	79.8	12.2	8.9	9.5
29	吉尔吉斯斯坦	74.4	55.6	51.1	1.7	16.1
30	塔吉克斯坦	71.2	34.7	21.5	1.8	2.5
31	土库曼斯坦	68.5	43.8	23.8	0.2	1.8
32	乌兹别克斯坦	77.2	46.1	10.2	1.4	1.8
33	阿塞拜疆	68.5	25.1	2.6	0.1	2.2
34	白俄罗斯	70.3	37.5	1.7	1.7	6.0
35	俄罗斯	96.7	86.9	20.5	42.7	27.5
36	格鲁吉亚	67.1	26.1	3.4	0.8	3.7
37	摩尔多瓦	33.8	16.7	0.8	0.0	2.9
38	乌克兰	33.8	17.8	5.4	2.2	11.1
39	亚美尼亚	68.0	26.0	3.6	0.2	6.1
40	阿尔巴尼亚	68.5	33.3	4.5	0.3	3.2
41	爱沙尼亚	68.5	50.0	2.2	0.0	3.8

续表

序号	国家	政策沟通	设施联通	贸易畅通	资金融通	民心相通
42	保加利亚	68.0	50.0	1.7	0.4	6.8
43	波黑	67.6	16.7	0.4	0.0	2.1
44	波兰	74.0	51.2	5.5	0.6	3.4
45	黑山	68.0	16.7	2.5	0.0	7.0
46	捷克	76.3	34.5	3.8	0.4	3.2
47	克罗地亚	67.6	33.3	1.8	0.0	3.3
48	拉脱维亚	71.2	50.0	2.3	0.0	11.1
49	立陶宛	68.0	16.7	1.6	0.0	3.8
50	罗马尼亚	67.6	41.7	2.6	0.6	4.7
51	马其顿	67.1	17.7	0.4	0.0	3.1
52	塞尔维亚	74.9	16.7	0.9	0.3	4.8
53	斯洛伐克	67.6	25.0	2.6	0.2	3.2
54	斯洛文尼亚	68.0	33.3	2.5	0.0	9.5
55	匈牙利	68.5	29.2	3.8	2.3	4.7
56	阿富汗	76.7	16.7	2.2	0.7	3.0
57	巴基斯坦	78.1	76.7	17.1	7.7	15.0
58	不丹	33.8	16.7	0.1	0.0	8.4
59	马尔代夫	66.7	17.0	6.4	0.0	21.3
60	孟加拉国	72.6	47.0	12.8	0.3	1.5
61	尼泊尔	73.1	34.8	5.0	0.5	7.0
62	斯里兰卡	72.1	38.9	8.6	2.6	6.3
63	印度	50.7	47.4	19.2	5.9	19.6
64	蒙古国	74.0	52.5	25.8	8.0	17.0
65	东帝汶	68.9	16.7	13.7	0.2	4.5
66	希腊	70.3	33.3	3.6	0.2	5.3
67	埃塞俄比亚	33.8	38.8	6.2	1.8	2.5
68	南非	42.9	36.5	17.6	11.5	4.1
69	新西兰	74.4	33.7	10.3	5.4	33.9

术语索引